50歳からでも速くなる！

ヒルクライムトレーニングの極意

村山利男

SB Creative

はじめに

安心・安全に楽しめて、お酒がおいしくなるのがヒルクライムです。

私がヒルクライムに出会ったのは、33歳の時でした。それまでは市民ランナーとしてさまざまな大会に出場していたのですが、腰の故障をきっかけに、ロードバイクに乗り始めたのです。

ロードバイクに転向してまず感じたことは「何て体に優しいスポーツだろう」ということです。ランニングに比べると地面からの衝撃が少ないため、膝や腰に負担がかかりません。唯一恐れなければいけないのは落車、つまりクラッシュですが、ゆっくりと山を上るヒルクライムならばその心配もとても小さいですし、万が一転んでも、ダメージは最小限で済みます。つまり、ヒルクライムは安心・安全に楽しめる競技なのです。

峠を上っている最中は、確かに苦しいかもしれません。しかし、流れる汗と一緒に、日々のストレスもどこ

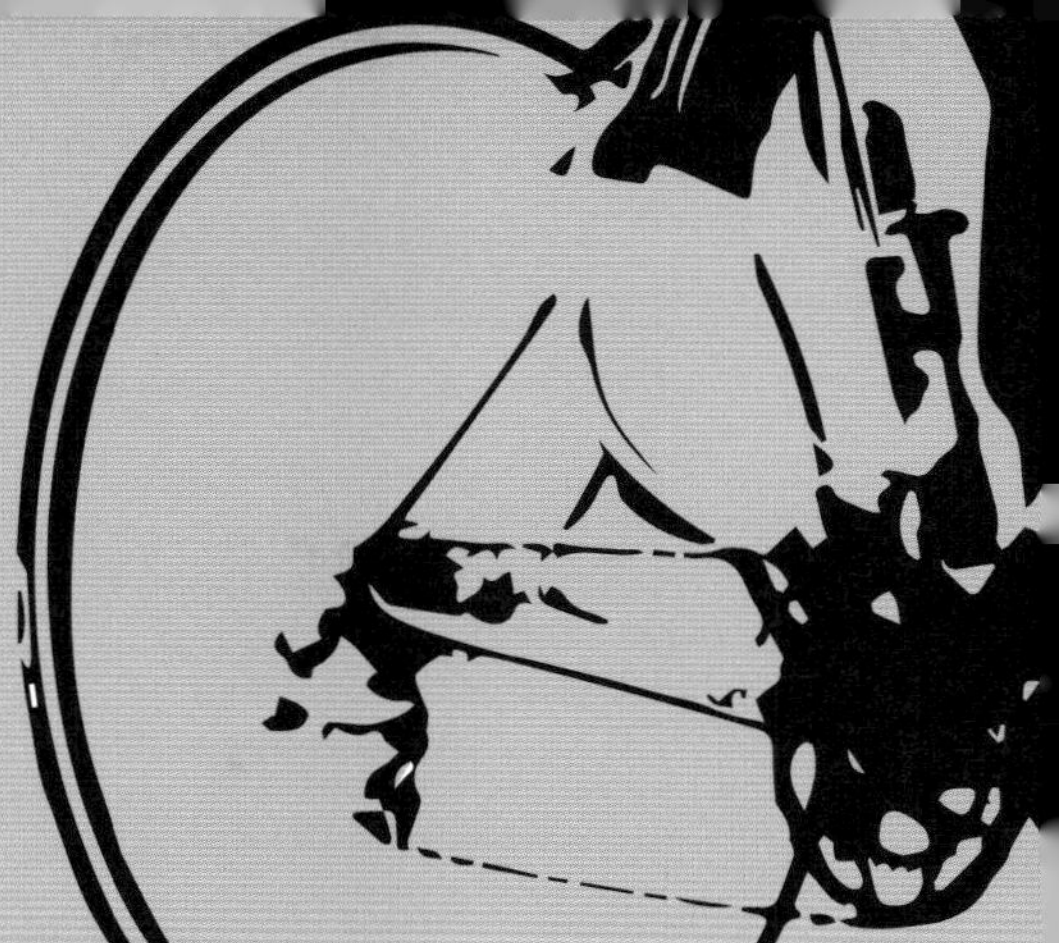

かへ行ってしまうでしょう。ゴール後に、順位やタイムで自分の成長を確かめられるのも、ヒルクライムの楽しみです。

そして、見事に頂上までたどり着いたあなたを待っているのは、日常では見られない、すばらしい眺めです。もう還暦が近い私ですが、いくつになっても、この喜びに代わるものは見つかりません。

そうそう、申し遅れましたが、私にはヒルクライム以上に大好きなものがあります。それは、お酒です。毎朝１００㎞のトレーニングと、毎晩のお酒は、私にとって欠かすことのできないものです。

ところが、仕事や雨などでトレーニングができなかった日は、お酒の味も少し落ちてしまいます。やはりお酒は、汗を流した後のほうがおいしい。ヒルクライムには、ご飯とお酒をおいしくしてくれる効果もあるんです。

安心・安全に楽しめて、人生が豊かになるうえに、お酒もおいしくしてくれるヒルクライム。本書では、その楽しみ方や、トレーニングについてのノウハウをお伝えします。

村山利男

「美味《うま》い酒のために走る」
と村山は言う。
還暦が近づき、トレーニング
量は月3000km程度まで減っ
たが、酒量が減る気配はない

村山利男、56歳

全日本マウンテンサイクリング in 乗鞍を6連覇した伝説のヒルクライマー、村山利男。酒と自転車をこよなく愛す彼は、今も毎朝100kmのトレーニングと晩酌を欠かさない。

出勤前のトレーニングは
３時間半、110km。
標高634mの弥彦山に
毎日上ることを目標に
している

帰宅後には、新聞や
雑誌を読みながら
ローラー台で1時間
程度体を動かす

酒を収めた棚の上
には、獲得したト
ロフィーが所狭し
と置かれている

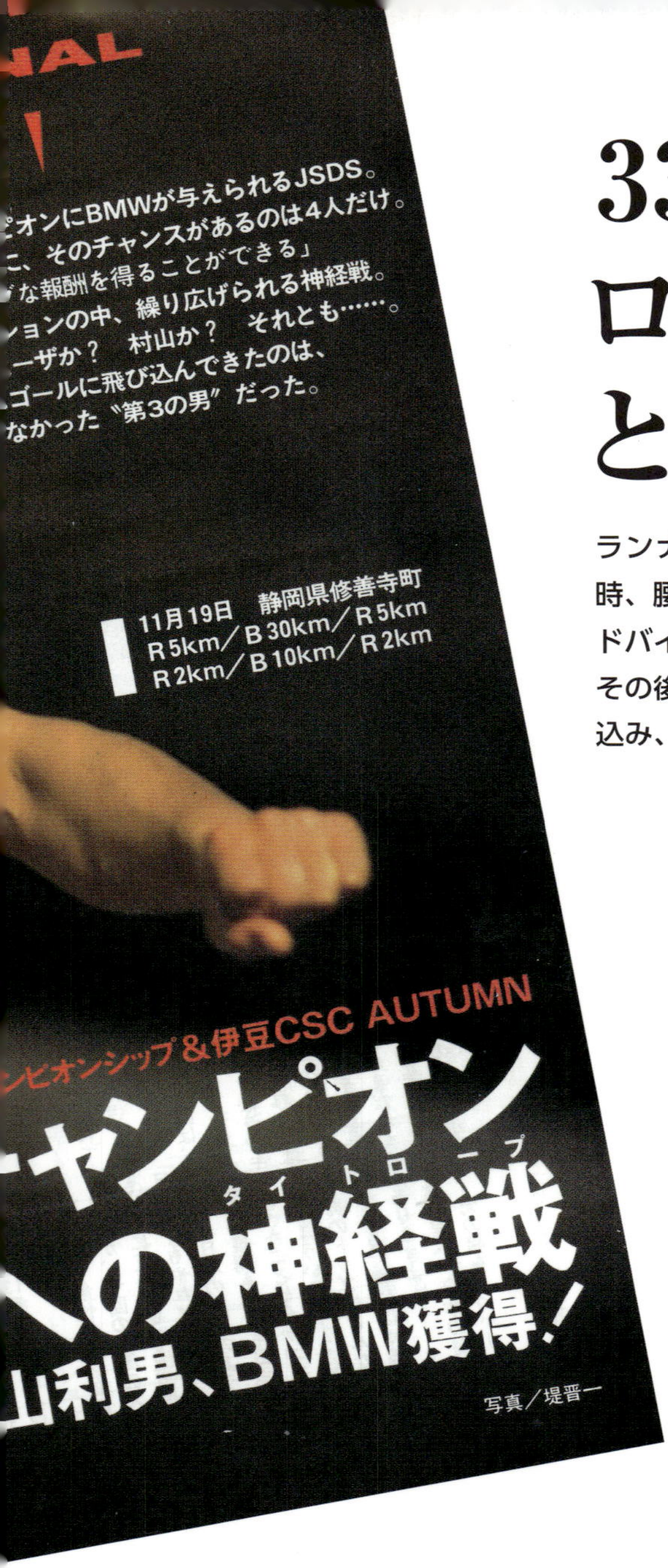

NAL

ピオンにBMWが与えられるJSDS。
に、そのチャンスがあるのは4人だけ。
な報酬を得ることができる」
ョンの中、繰り広げられる神経戦。
ーザか？　村山か？　それとも……。
ゴールに飛び込んできたのは、
なかった〝第3の男〟だった。

11月19日　静岡県修善寺町
R5km／B30km／R5km
R2km／B10km／R2km

ンピオンシップ＆伊豆CSC AUTUMN
チャンピオン
への神経戦《タイトロープ》
山利男、BMW獲得！

写真／堤晋一

33歳、ロードバイクとの出会い

ランナーだった村山は33歳の時、腰の故障をきっかけにロードバイクに出会う。
その後、デュアスロンにのめり込み、日本一にまで上りつめる。

ジャパンスーパーデュアスロンシリーズでの村山の優勝を伝える雑誌記事。元世界チャンピオン、ケン・スーザを下しての勝利だった
（ファンライド1996年2月号提供／アールビーズ）

ヒルクライムの世界へ

ヒルクライムへと活動の場を移した村山は、1997年からヒルクライムレースの国内最高峰「全日本マウンテンサイクリング in 乗鞍」を６連覇する。すでに40代半ばになっていたが、その強さに周囲は驚いた。

実業団レースでもプロと対等に渡り合った。この写真は、2007年の全日本実業団富士山ヒルクライムでの一幕。日本人として唯一ジャパンカップを制した阿部良之（先頭当時シマノレーシング）に続くのは、後に宇都宮ブリッツェンのキャプテンとなる中村誠(当時チームミヤタ)。村山はこの時48歳

「全日本マウンテンサイクリングin乗鞍」優勝のトロフィーが6つ並ぶ。2010年に森本誠選手に破られるまでは、コースレコード保持者でもあった

村山利男の「決戦用」バイク

フロントシングルをいち早く取り入れるなど、軽量化に力を入れて来た村山。決戦用のロードバイクの質量は5.7kgに抑えてある。

▶ブレーキ

意外と質量があるブレーキ。KCNCの「ロードシーブレーキ」の軽量モデルを装着してある

カーボンパーツ

ハンドルとシートピラーは国産ブランド、BOMAの軽量モデル。サドルにはセライタリアのフルカーボンモデルを使う

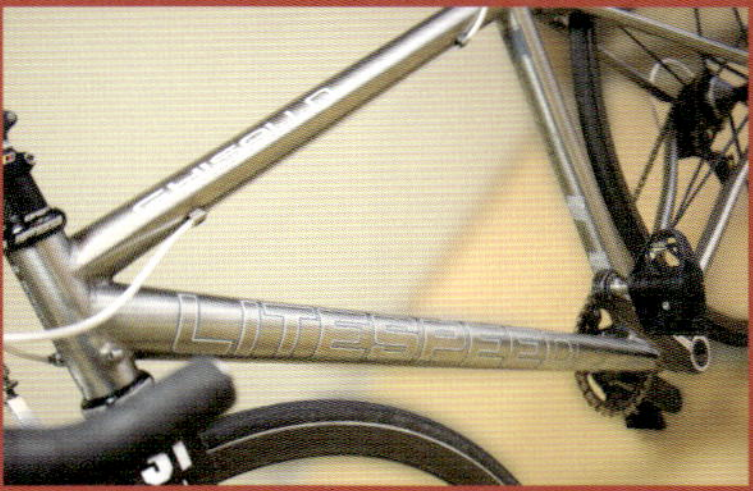

チタンフレーム

フレームはチタンで有名なライトスピードの「ギザロ」。カタログ質量で780g

CORIMA

ホイールはCORIMAの「Winium プラス」を装着

ブレーキレバーへ換装

フロントシングル化に伴い、重量がかさむフロントのSTIレバーもブレーキレバーに換装する

ランニング用心拍計

心拍計は、ランニング用のものをステムのキャップに両面テープで貼りつける。ケイデンスや速度の計測用センサーの分軽くなる。レース中は、ケイデンスや速度を見る必要がないためだ

バーテープも最小限に

バーテープはドロップ部分のみに巻いている。上ハン部分はビニールテープを巻く

フロントシングルのカンパニョーロ

おもなコンポーネントはシマノだが、クランクだけは軽量なカンパニョーロ「スーパーレコード」。アウターギアを外し、フロントシングル化してある

サードパーティーの利用

スプロケットやチェーンも、サードパーティーの軽量な製品に交換している

日々の
トレーニングとレース

好天に恵まれた日は、毎朝およそ100km。
雪で屋外でのトレーニングが難しい晩秋から
冬にかけては、屋内のみでトレーニングを行う。
そして、その成果を発揮するのがレースだ

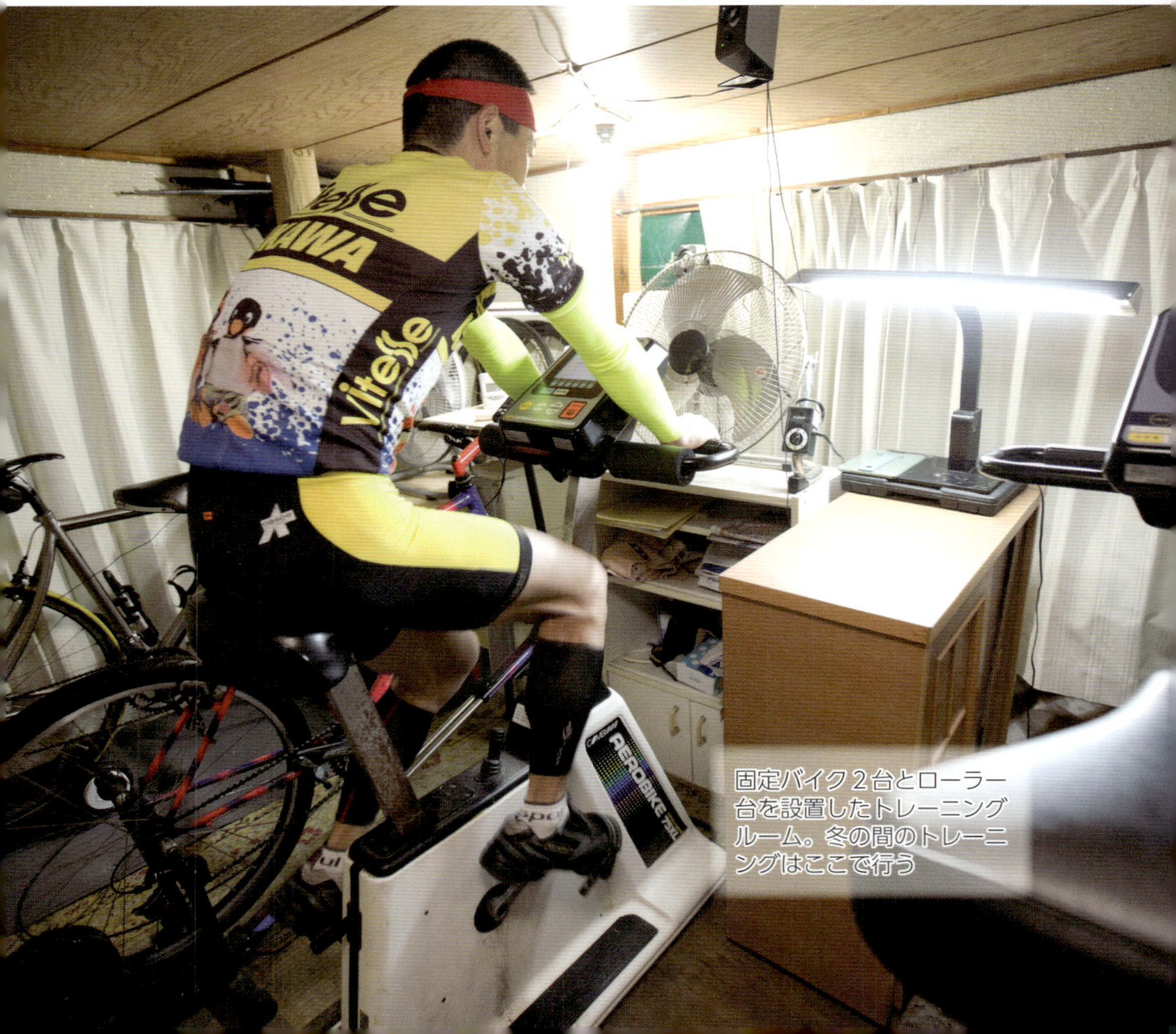

固定バイク２台とローラー台を設置したトレーニングルーム。冬の間のトレーニングはここで行う

レースはやはり特別。トレーニングでは考えられないパフォーマンスが発揮される。レースに出ることでコンディションも上がっていく

秋は雨、冬は雪によって実走が難しくなる新潟。屋内でのトレーニングしかできないが、「ビルドアップ走」（5章参照）により一定のパフォーマンスは維持できる

他の選手と競い合えるレースの最大の魅力は、その楽しさにある。メカトラブルで止まった富士あざみラインだが、走ってゴール

はじめに 2
村山利男、56歳／33歳、ロードバイクとの出会い／ヒルクライムの世界へ／村山利男の「決戦用」バイク／日々のトレーニングとレース 4
本書の使い方 20

1章 酒と自転車と人生を楽しむ

最高の一杯のために、今日も走る 22
33歳で出会ったロードバイクは、体に優しい乗り物だった 26
ヒルクライムは安心・安全に楽しめるのが魅力 30
酒と食事と自転車を、ぜんぶ楽しむ 36
ランニング、デュアスロン、そしてヒルクライム 40

2章 トレーニングに必要なもの

自己観察がモチベーションを維持する 48
継続の秘訣は心拍計 52
屋内でトレーニングできるローラー台 58
同じトレーニングコースでも、違う楽しみを見つける 66
心拍計で、トレーニングのPDCAを回そう 70
日常生活にゲーム感覚を取り入れよう 74

3章 機材とフォームで楽に上る

ロードバイクにおける軽量化の重要性 80
いちばん楽なフォームで上る 90

contents

4章

ヒルクライムのコツ、教えます

イーブンペースがヒルクライムの基本 100
ペースを乱さずにゴールまで走り切る 104

5章

ヒルクライムトレーニングのポイント

シニアこそトレーニングを楽しもう 112
トレーニングメニューはシンプルがいちばん 118
トレーニングメニュー①「平地でのファストラン」 122
トレーニングメニュー②「山でのビルドアップ走」 126
トレーニングメニュー③「ローラー台でのビルドアップ走」 130

6章

いつまでも走り続ける

トレーニングを長続きさせる秘訣は？ 136
家庭と仕事が最優先 最後がロードバイク 140
休むことでこそ速くなる 146
ご飯とタバコ、そして酒 158
56歳、人生とロードバイクはこれからが楽しい 170

●コース別ヒルクライム攻略法 175
乗鞍高原／富士スバルライン／栂池高原
美ヶ原高原／鳥海山／八ヶ岳／枝折峠

おわりに 190

contents

本書の使い方

ヒルクライムを楽しみたい方、速くなりたい方のために作られた本書。ページには、ヒルクライムのノウハウが詰まっています。

本文

重要な個所は、文字を太くしてあります。ひと目でポイントが分かります。

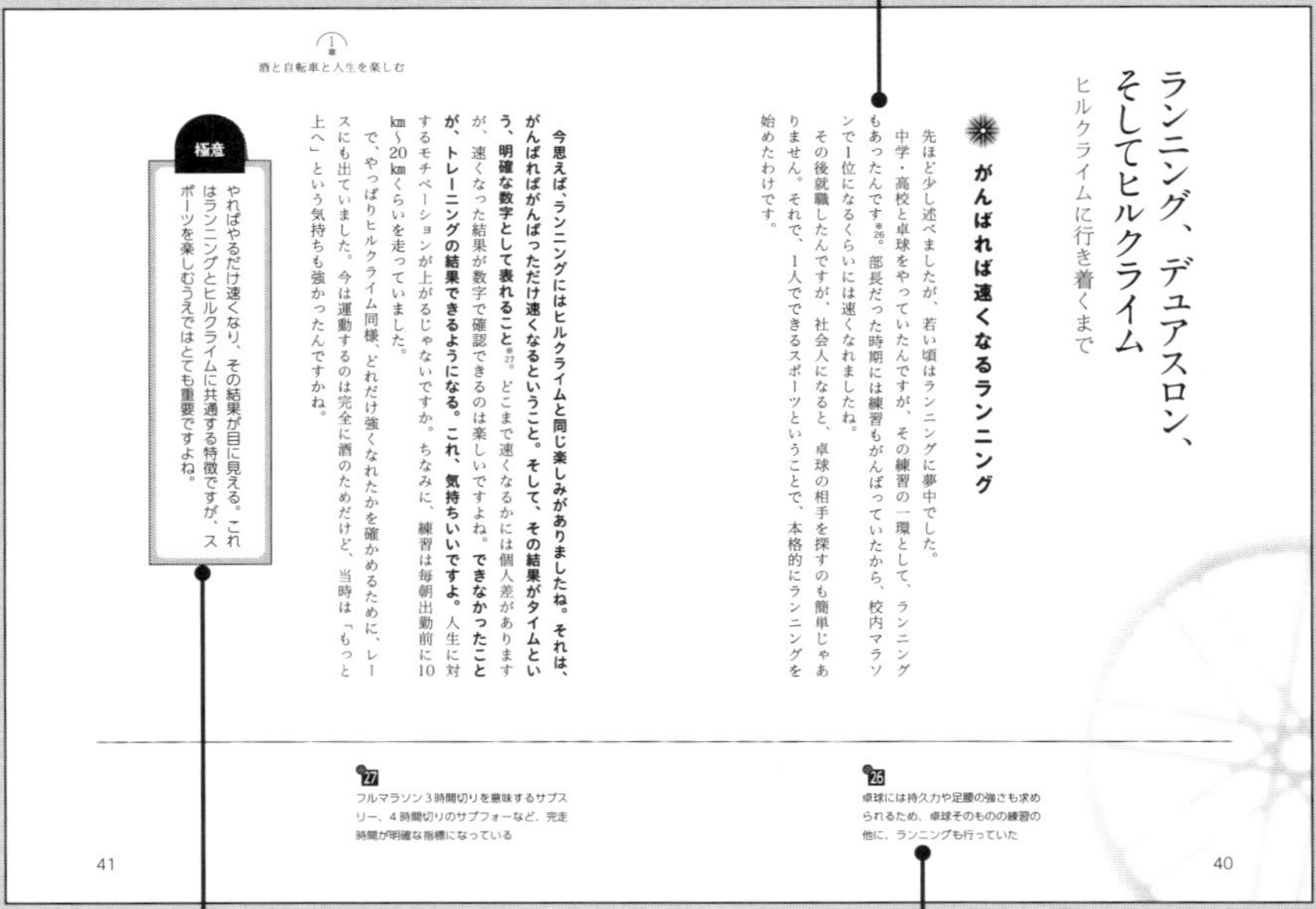

1章
酒と自転車と人生を楽しむ

ランニング、デュアスロン、そしてヒルクライム

ヒルクライムに行き着くまで

がんばれば速くなるランニング

先ほど少し述べましたが、若い頃はランニングに夢中でした。

中学・高校と卓球をやっていたんですが、その練習の一環として、ランニングもあったんです※26。部長だった時期には練習もがんばっていたから、校内マラソンで1位になるくらいには速くなれましたね。

その後就職したんですが、社会人になると、卓球の相手を探すのも簡単じゃありません。それで、1人でできるスポーツということで、本格的にランニングを始めたわけです。

今思えば、ランニングにはヒルクライムと同じ楽しみがありましたね。**それは、がんばればがんばっただけ速くなるということ。そして、その結果がタイムという、明確な数字として表れること**※27。どこまで速くなるかには個人差がありますが、速くなった結果が数字で確認できるのは楽しいですよね。**できなかったことが、トレーニングの結果できるようになる。これ、気持ちいいですよ。**人生に対するモチベーションが上がるじゃないですか。ちなみに、練習は毎朝出勤前に10km～20kmくらいを走っていました。

で、やっぱりヒルクライム同様、どれだけ強くなれたかを確かめるために、レースにも出ていました。今は運動するのは完全に酒のためだけど、当時は「もっと上へ」という気持ちも強かったんですかね。

極意

やればやるだけ速くなり、その結果が目に見える。これはランニングとヒルクライムに共通する特徴ですが、スポーツを楽しむうえではとても重要ですよね。

※26 卓球には持久力や足腰の強さも求められるため、卓球そのものの練習の他に、ランニングも行っていた

※27 フルマラソン3時間切りを意味するサブスリー、4時間切りのサブフォーなど、完走時間が明確な指標になっている

41　40

極意

その項目の「極意」を凝縮してあります。ここだけを読んでも、そのテーマの要所を押さえることが可能です。

注釈

専門用語には、注釈を用意しました。本文で触れられなかった情報の補足もあります。

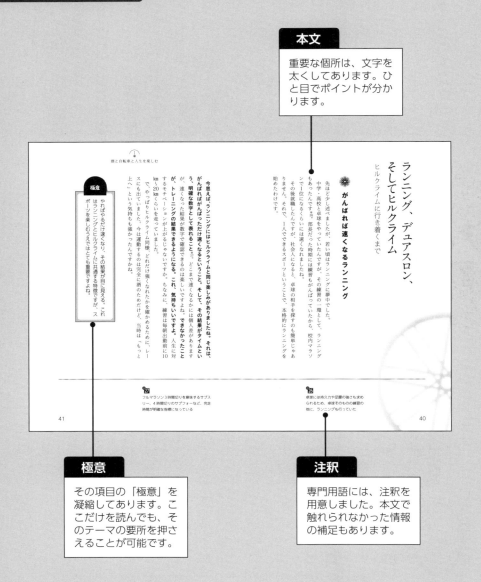

1章

酒と自転車と人生を楽しむ

最高の一杯のために、今日も走る

人生は楽しむためにあるのだから

村山利男の一日

村山利男、56歳。新潟県で会社員をやっています。趣味はなんといっても、毎晩の酒です。

あとロードバイクにも乗っています。昔「全日本マウンテンサイクリングin乗鞍[※1]」を6連覇したこともあるから、ヒルクライム好きの人は私を知っているかもしれません。ロードバイク界きっての呑兵衛だっていうことも。

普段は、朝4時ごろに起床。何でそんなに早く起きるのかって？　山に行くんですよ、山。コーヒーを一杯飲んだら、トイレで軽量化を済ませてすぐに出発。

※1
長野県松本市にある乗鞍高原を舞台とした、国内最高峰のヒルクライムレース。通称「乗鞍ヒルクライム」

ここ数年はずっと、新潟県弥彦村にある弥彦山《やひこやま》※2という山に通っています。標高が634mで、これが東京スカイツリーと一緒らしいんですよ。そのせいで、最近、人気が出てきましたね。

弥彦山までは、家から片道50㎞くらいでしょうか。行きの途中であんパンを1つ。帰りにもう1つ。これが朝ごはんの代わりです。

弥彦山についたらタイムを意識しながら上り、途中のチェックポイントで「こりゃあ31分を切れそうもないな」と思ったらそこで引き返しちゃいます。ちんたら上ってもしょうがないですから。ちなみに、ベストタイムは27分です。最近は年のせいか、2日に1日くらいは引き返しちゃいますね。そういう日は走行距離も90㎞くらいしかいかないから、帰りのあんパンは我慢、我慢。

弥彦山の頂上に行って家に戻ると7時半過ぎになっているから、毎日の朝練は3時間半でしょうか。距離はだいたい110㎞。アミノ酸※3を飲んでシャワーを浴びたら出勤します。

午前の仕事を終えたら昼食ですが、これも基本的に毎日一緒。大きなおにぎり1つと、納豆2パック。ただし、臭いで迷惑をかけたくないので、ショウガをたっぷりかけます。夜は肉、つまり動物性タンパク質と決めているから、昼くらいは植物性のものをとろう、ということで納豆に落ち着いたわけです。

昔、デュアスロン※4をやっていたころは昼休みに10㎞のランニングを欠かさな

※2
新潟県西蒲原郡弥彦村と長岡市の境界にある標高634mの山

※3
筋肉は、運動によって破壊された後の回復時に強化される。そのタイミングでアミノ酸を飲むことで、筋肉の回復・強化を促進できる

※4
2回のランパートとバイクパートとで構成される競技

かったけれど、最近は昼寝しちゃいますねえ。年だなあ。

週2日程度は残業があるけど、定時退社なら18時前には自宅に到着。そうしたら、固定ローラー台※5に乗ります。朝読めなかったその日の新聞を読みながら、40分くらいゆっくりペダルを回すんです。トレーニングじゃありませんよ。この次に来る、一日でいちばん大切なイベントのためのウォームアップです。

さて、汗を流したら、いよいよお待ちかねの晩酌。ロードバイクに乗るのも結局はおいしいお酒のためなんだから、いちばん楽しみにしている時間です。酒のアテは、週5日は牛肉で、後は好きな物を食べます。ただし、脂肪分※6には気をつけているから、揚げ物やサンマ、サバみたいに脂質が多いものは避けます。カロリーには気をつけたいじゃないですか。

お酒を楽しんだら、9時に消灯。いい汗かいて、そのうえ美味《うま》い酒を飲むわけですから、4時までぐっすりですよ。

極意

毎朝、距離にして110km、獲得標高600mほどの朝練。定時に帰れたらローラー台。そして晩酌。これが晴れた日の私の一日です。

※5 ジムなどに設置されている、自転車型のトレーニングマシン。負荷を調整できるものが多い

※6 脂肪分には、タンパク質や炭水化物のおよそ倍のカロリーがある

元気にお酒を楽しむために

休日になると、昔は200kmくらい走っていましたが、最近は平日と同じく弥彦山が多いです。だから、平日の固定バイクを20kmとしても、月間の走行距離はせいぜい3000km強といったところ。昼休みのランニングもしていないし、若い頃※7に比べるとずいぶん練習量は減っちゃいました。まあ、還暦も近いし、しょうがないですね。

それでも、どうしてそんなに走るのか、と聞く人がいます。答えは簡単。酒をおいしく飲みたいから。それだけですよ。だって、運動しないで酒飲んでも、おいしくないじゃないですか。お酒は走るためのモチベーションです。

弥彦山への往復が、毎朝の日課だ

極意

何でもいいから、走るためのモチベーションを作るのが、トレーニングを続けるための秘訣です。私？　もちろんお酒ですよ。休息日はありません。休んだらお酒がまずくなっちゃうじゃないですか。

※7
デュアスロンをしていた30代の頃

33歳で出会ったロードバイクは、体に優しい乗り物だった

小さい負担でダイエット

ランニングはつらいよ

私はもともと、ランナーだったんです。若い頃からずっとランニングをしていました。市民マラソンや、市町村対抗駅伝に出たりもしていましたが、33歳の時、腰を痛めちゃったんですよ。

ランニングは地面からの衝撃がモロに伝わるスポーツだから、故障[※8]**はつきものなんですね。**それまでもずいぶんと膝や腰をやられたもんだけど、この時は特にひどかったなあ。走れなくなっちゃったくらいですから。

せっかくだから、ちょっとここで脇道にそれて、ランニングについて話しましょ

※8
ケガまでには至らない症状のことを指す場合が多い

うか。同じ有酸素運動[※9]でも、サイクリストは意外とランニングについて知りませんからね。サイクリストがランニングから学べることは結構あると思うし、実際、私はランニングのテクニックをヒルクライムにずいぶん応用してきました。

まず大前提だけど、ランニングっていうのは、すごいキツイんです。ランナーは日々、故障と戦っています。そのくらい、体への負担が大きい競技と言えます。足首、膝、腰……あらゆるところに負担がかかりますから。

だから、一流のランナーでも、1年のうちフルマラソンに出るのはせいぜい1、2回じゃないですか。年間10回近くもフルマラソンを走る、公務員ランナーの川内優輝[※10]さんは例外中の例外。負担が大きいから、普通は体が壊れちゃうんです。**だから、太ってる人には、ウォーキングはともかくランニングはあまりおすすめできません。**体重が多いと、膝への負担が大きくなりますから。

でも、ロードバイクの世界では、長距離のロードレースに1年に1回しか出ないプロなんていません。みんな当たり前に、年間100レース以上走っています。それにアマチュアなら、太っているサイクリストなんていくらでもいるじゃないですか。**それはある意味で、ロードバイクがとっても体に優しいスポーツだということなんです。**私も初めてロードバイクに乗った時には、体への負担の小ささにびっくりしたものです。体への衝撃がないから、いくらでも走れちゃう[※11]。つまり、いくらでもカロリーを消費できる。そこがロードバイクのいいところです。

※11
ランニングに比べ、自転車競技は膝や足首への負担が小さい

※10
埼玉県で公務員をしながら競技に打ち込む市民ランナー。世界陸上大会に2回出場

※9
酸素および糖質、脂質などを消費する運動。比較的強度は低い。なお、自転車競技にも無酸素運動の側面はある

話を戻すと、腰を痛めた時に、何かランニングに代わるスポーツはないかと思ったわけです。それがロードバイクを始めたきっかけでした。

最初は、スリックタイヤ※12を履かせたMTB※13に乗っていたんです。その頃MTBが流行ってましたからね。

最初の頃の感想は、上りではなく、峠の下りが楽しい、でした。昔、オートバイに乗っていたことがあるから、その頃の記憶がよみがえったんですよ。

しばらくすると、ロードバイク乗りの連中と走る機会があったんです。舗装路だから、当然、連中はMTBに乗っている私よりも速いんだけど、山の上りでは私のほうが速かった！　それで元気づいちゃって、中古のロードバイクも買ったんです。MTBを買ってから半年くらいだったかな？

もっとスピードを出したかったというのもあるかもしれないですね。オートバイでも自動車でも、速いほうが気持ちいいじゃないですか。それと同じ。サラリーマンにとっての

体重を全身で支える自転車は、体への負担が小さいのが特徴だ

※12
ブロックパターンがない、舗装路の走行に適したタイヤ

※13
マウンテンバイク。舗装されていないオフロードを走るために設計された自転車で、太いタイヤが特徴

ロードバイクは趣味なんだから、気持ちよさは重要です。速いほうが達成感もありますし。

買ったのは、当時は珍しかったフルカーボン※14のロードバイク。軽いのが欲しかったんです。すぐにフレームがへたれてグニャグニャになっちゃったけど、MTBとは異次元の軽さに驚きましたね。今も軽量化にはこだわっているけれど、それは昔から変わらないんですよ。

こうやって私は、ロードバイクに乗るようになりました。33歳でデビューって遅いですよね。でも大丈夫。その後、どんどん速くなったんですから。**いつ始めても遅すぎることはないのが、ロードバイクなんです。**

極意

体に優しく、ストレス解消にもなるロードバイク。これほど中高年に向いたスポーツも少ないんじゃないでしょうか。いつ始めても速くなれるし、中高年の皆さんにはおすすめですよ。

※14

現在は、軽く、設計の幅が広いカーボンがフレーム素材の主流になっている。ほかにも、カーボンに次いで軽いアルミや、アルミとカーボンを両方使用した「カーボンバック」のフレームなどがある

ヒルクライムは安心・安全に楽しめるのが魅力

私がヒルクライムをおすすめする理由

34歳でのレースデビュー

ロードバイクを買ってしばらくは、スピードが出るのが楽しくって、ひたすら走りました。といっても、距離にして70kmとか、せいぜいそのくらい。腰が回復してからは、ランニングも再開してましたから。

そのうち、レースに出たくなってきました。私はランナーでもあったから、人と競う楽しさも知っていましたし、自分のレベルを知りたかったのもあります。33歳でロードバイクに乗り始めて、その翌年、34歳の5月が初めてのレースです。群馬CSC（サイクルスポーツセンター）[※15]で開催された、「パナソニックカップ」

※15
群馬県利根郡にある、6kmのサーキットコースを持つ施設。頻繁にレースが開かれる

でした。

初心者の部と一般の部、両方に申し込みましたが、初心者の部はリタイア。途中でチェーンが外れちゃいました。

原因は、フロントをシングルギアにしていたからでしょう。そう、私は最初のレースからフロントシングル※16だったんです。フロントシングルだと、車体は軽くなるんですが、どうしても、変速のタイミングでチェーンが外れやすくなります。インナーを外すとチェーンがインナー側に、アウターを外すとアウター側に落ちてしまうことがあるんですね。チェーンが外れなかった一般の部は、無事優勝。それからは、今に至るまでトレーニングとレースを繰り返しています。

アウター（チェーンが掛かっているギア）を外すとフロントシングルになる

極意

レースデビューは34歳。その後はとんとん拍子に強くなれました。30代からでも40代から50代からでも、ぜんぜん遅くはないですよ。

※16
アウターギアあるいはインナーギアを外して軽量化すること

レースには積極的に参加しよう

ロードバイクにある程度乗っている人には、レースに出るのをおすすめします。レースにエントリーしておけば、それが目標になり、三日坊主になりにくい。それに、出る以上はみっともない走りはできないから、普段のトレーニングにも力が入るでしょう？　**レースそのものも楽しいけど、他にもたくさんメリットがあるんですよ。**

レース以外では、最近増えているロングライドのイベント※17もいいですね。ロングライドってバカにしちゃいけません。あれもけっこう、モチベーションが上がりますよ。人の目があると無様な走りはできないから。**何でもいいから、さっさとレースやイベントに申し込んじゃうのが、モチベーション維持のコツです。仲間と走行会をやるのもいいでしょう。**近所のロードバイク仲間と一緒に走るんです。安全な場所、たとえば自動車の少ない峠などで、ゴール地点を決めて「疑似レース」をすれば、本番さながらのパフォーマンスが発揮できるかもしれません。

ただし、私は練習会はやっていません。基本的には1人です。というのも、人と走るとモチベーションが上がり過ぎて疲れちゃうんです。たまにならいいけど、

※17
順位を競わない、100～200km 前後を走るロングライドイベントも多く開かれている。集団走行の経験になるという側面も

毎日は厳しいでしょう。逆に、人の後ろで風を避けて楽をしても意味はないですし。

極意

三日坊主は、サイクリストの最大の敵です。でも、レースなどのイベントにエントリーすれば、モチベーションは続くものです。

レースはやっぱりヒルクライム！

ランニングよりも体に優しいロードバイクですが、リスクはあります。それは落車※18です。

ロードバイクのスピードで転んだら、ケガは免れない。せっかく買った高い機材も壊れてしまいます。最悪、命を奪われることすらあります。

レースで生活しているプロならともかく、他に仕事を持っているんですから、絶対に落車は避けたい。私はそう考えました。

※18
単独あるいは他のロードバイクと接触して転ぶこと、クラッシュすること

そこで行き着いた結論が、ヒルクライムレースを中心にすることだったのです。「村山利男といえばヒルクライム」と思っている人は多いかもしれないですが、平地のレースだって好きなんです。全日本選手権のタイムトライアルでは、12位に入ったこと※19もあります。でも、落車が嫌だからヒルクライムばかり走っているんですよ。

ヒルクライムなら、下り※20で無茶しない限り、落車の心配はありません。万が一上りで転んだとしても、スピードは遅いから、ダメージはたかが知れています。危険性が低いわけですね。

また上りは、地球の重力に引っ張られるから、平地よりもずっとキツイでしょう。平地で全力を出そうとするとスピードも上がって危ないけれど、ヒ

標高が高い場所には、雪が残っている場合も。平地にはない景色も、ヒルクライムの楽しみだ

※20
ヒルクライムのイベントでは、ゴール後の下りに速度制限を設定している場合もある

※19
1999年全日本実業団TT。ヒルクライムと個人TTとの2本で競われ、総合成績は7位。総合優勝は狩野智也、2位栗村修

ルクライムならどうがんばってもそんなスピードは出ません。

つまり、安心・安全に全力を出せる。これこそがヒルクライムの魅力なんです。

山の上からの眺めもいいし、参加者には地元の名産品がふるまわれたりと、イベントとしても楽しいレースが多いんです。だから、市民レーサーにはヒルクライムをおすすめしますね。

極意

落車は、絶対に避けたいですよね。でも、ある程度がんばれたほうが達成感もあるし気持ちいい。そこでおすすめなのが、安心・安全なヒルクライムなんです。

酒と食事と自転車を、ぜんぶ楽しむ

我慢せずに人生を楽しむ

呑兵衛で食いしん坊のサイクリスト

しつこいようですが、私は呑兵衛で、しかも食いしん坊なんです。でも実は、最近は酒量を減らしているんですよ。健康診断で肝臓の値※21が基準値を少し超えちゃったもので、休肝日を作るようにしたんです。

休肝日は、月曜日〜木曜日です。平日くらい肝臓を休ませたいじゃないですか。だから、この4日間は酒は飲まない。チューハイ4本以外は。

飲んでるじゃん！　っていうツッコミが聞こえてきそうですが、まあ勘弁してください。アルコール度数4％の350ccのチューハイを4本だから、アルコー

※21

ALT（GPT）・AST（GOT）・γ-GTPなど、肝臓に関係する酵素の血中量は肝臓の状態の指標になる

ル量にすると、日本酒なら2合、ワインならボトル半分強ってところでしょうか。こんな量、酒飲みには酷なんですよ……。

ただし、そのご褒美として、金曜日から日曜日までは好きに飲むようにしています。日本酒に凝った時期、焼酎ばかり飲んでいた頃もありますが、今はウイスキーが中心です。結局、なんだかんだで毎日飲んでるわけです。

そして、酒のアテはもちろん「プロテイン※22」。要はタンパク質です。肝臓にも必要ですしね。その内容は、週5回は牛肉で、後はモツ煮（ただし、脂肪は取ります）だったり、魚だったり。

脂肪分は避けています。量を食べるから、せめて高カロリーの脂肪くらいはやめておこうというわけです。

だから、肉は赤身に限りますね。真っ赤な血が滴るようなのがいい。料理法も、焼くことはまずありません。余計な油を使うからです。肉じゃがとか、カレーが多いかなあ。これは余談ですが、カレーだって、酒のアテになるんですよ。

魚にしても、サバとかサンマとかの、脂が多いのは食べません。もちろん、揚げたりなんかは絶対しません。

脂が嫌いなわけじゃないですよ。むしろ大好きです。でも、とにかく食いしん坊で、腹八分目でやめることができないから、脂肪分まで食べたら大変なことになっちゃいます。

※22
直訳すると「タンパク質」だが、実際はタンパク質を主とするサプリメントを指す場合が多い

食いしん坊といえば、この本の編集者と焼肉を食べに行ったとき、彼、まだ若いくせに私の半分も食べられなかったんです。いや、私の食べる量が多いのかもしれません。普段酒を飲み終わった後は、シメに梅干しでご飯を食べるんですが、2合[※23]はペロリ。新潟の米がおいしいっていうのもありますけどね。

毎日がそんな食生活だから、運動しなかったらエライことになるのは目に見えています。ぶくぶくに太るだろうし、病気になるかもしれない。健康には気を使わなきゃいけない年頃ですから。

となると、道は2つしかないわけですよ。運動せずに節制するか、酒も食事も楽しんだうえで運動するか（好きなだけ飲み食いして運動もしない、というのはナシ）。究極の選択です。

私は、後者を選びますね。だって、人生は楽しいほうがいいじゃないですか。太るのも嫌だし、自分が飲み食いを我慢できないことを知っています。だったら、乗るしかない。

念のために言っておきますけど、この本ですすめたいのはヒルクライムであって、酒じゃないですよ。僕はたまたま頑丈な胃腸と肝臓を持って生まれたからいいけど、**酒を飲みすぎていいことがあるわけない[※24]。**酒は決してまねしないでください。

ここで言いたいのは、自分をよく知ることが重要だということです。

※23
米1合のカロリーは、530kcalほど

※24
過度の飲酒は、肝臓や消化器系に負担をかけるだけでなく、発がん性を高めたり、筋肉を破壊する場合もある

人には、できることと、できないことがあります。私の場合、節制はできません。だけど、毎日100km走ることはできる。だから今の生活に落ち着いたわけです。もし、節制がストレスにならない人ならば、別の生活もあるかもしれません。

できないことを無理に続けても苦しいだけ。それよりも、人生を楽しみたいですよ、私は。**だったら、できることを上手に組み合わせて、つじつまを合わせればいい。**

だから、毎日100km走る※25ようにしているわけです。体型は維持したいし、運動したほうが体調もいいですから。ちなみに、100kmという数字には特に意味はありません。私の場合、出社前にヒルクライムを1本こなす距離がたまたま100kmだったというだけです。自分に合った距離を探しましょう。

極意

酒も食事も楽しみつつ、健康で気持ちよく毎日を過ごしたい。その手段が、私の場合はヒルクライムだったわけです。運動はそれ自体楽しみですが、他にもご利益はいっぱいあるんですよ。

※25
平均的な身長・体重の男性がロードバイクで100kmを走った場合の消費カロリーは2000kcal前後

ランニング、デュアスロン、そしてヒルクライム

ヒルクライムに行き着くまで

がんばれば速くなるランニング

先ほど少し述べましたが、若い頃はランニングに夢中でした。中学・高校と卓球をやっていたんですが、その練習の一環として、ランニングもあったんです[※26]。部長だった時期には練習もがんばっていたから、校内マラソンで1位になるくらいには速くなれましたね。

その後就職したんですが、社会人になると、卓球の相手を探すのも簡単じゃありません。それで、1人でできるスポーツということで、本格的にランニングを始めたわけです。

※26

卓球には持久力や足腰の強さも求められるため、卓球そのものの練習の他に、ランニングも行っていた

今思えば、ランニングにはヒルクライムと同じ楽しみがありましたね。それは、がんばればがんばっただけ速くなるということ。そして、その結果がタイムという、明確な数字として表れること※27。どこまで速くなるかには個人差がありますが、速くなった結果が数字で確認できるのは楽しいですよね。**できなかったことが、トレーニングの結果できるようになる。これ、気持ちいいですよ。**人生に対するモチベーションが上がるじゃないですか。ちなみに、練習は毎朝出勤前に10km〜20kmくらいを走っていました。

で、やっぱりヒルクライム同様、どれだけ強くなれたかを確かめるために、レースにも出ていました。今は運動するのは完全に酒のためだけど、当時は「もっと上へ」という気持ちも強かったんですかね。

極意

やればやるだけ速くなり、その結果が目に見える。これはランニングとヒルクライムに共通する特徴ですが、スポーツを楽しむうえではとても重要ですよね。

※27
フルマラソン３時間切りを意味するサブスリー、４時間切りのサブフォーなど、完走時間が明確な指標になっている

デュアスロンで日本一に

33歳の時にランニングで腰を壊してロードバイクに乗るようになりましたが、ランナーを廃業したわけではなく、ランニングとロードバイクを一緒に行う「デュアスロン」をメインにすることにしました。

デュアスロンは、簡単に言うと水泳抜きのトライアスロンです。いや、正確にはバイクパートを挟んで2回ランニングがあるから、水泳を「第1ランニング」に変えたもの、というべきかな？　第1ランニング↓バイクパート↓第2ランニング、という内容だから、ランニングとロードバイク、両方やっていた自分にはぴったりの競技だったわけです。

私がデュアスロンに夢中だった1990年代前半には、「カナヤカップ[※28]」というシリーズ戦がありました。いくつかのレースがあって、ポイント獲得数で総合優勝すれば、デュアスロン日本一。それが目標だったんです。

ところが、それが簡単じゃありません。いや、日本一が簡単じゃないのは当たり前ですけど、普通以上に簡単じゃない。というのも、アメリカからケン・スーザ[※29]というプロが参戦していたからです。ケンは、1980年代から1990年代にかけて、全米選手権に8回勝っているプロ・デュアスリート。1990年に

※28
正式名称はジャパンスーパーデュアスロンシリーズ。日本最大のデュアスロンのシリーズ戦だった

※29
Kenny Souza。アメリカのデュアスリート。1990年デュアスロン世界チャンピオン。デュアスロン全米選手権8回優勝

は世界選手権まで制していて、たぶんその頃がいちばん強かったんじゃないですかね？

何でそんなとんでもない人がわざわざ日本のレースに来ていたかというと、このカナヤカップに勝つと、ＢＭＷ※30がもらえるからなんです。世界チャンピオンも、ＢＭＷは欲しいんですねえ。

１９９４年にも、ケンはカナヤカップを優勝してＢＭＷをゲットしている。私は残念ながら2位。翌１９９５年も狙いに来るらしかったので、１９９５年は打倒ケンを目標にトレーニングをがんばりました。もちろん、酒は飲んでいましたけど……。

１９９５年のカナヤカップでも、やっぱりケンは強かったです。特に、ランではかないません。でも、バイクパートでは勝てた。だからポイント争いは最

JSDSカナヤカップチャンピオンシップ＆伊豆CSC/AUTUMN
11月19日（日）／静岡県・日本サイクルスポーツセンター
ラン5キロ＋バイク30キロ＋ラン5キロの距離で争われる、日本最大のデュアスロンシリーズ、JSDS。その最終戦、カナヤカップチャンピオンシップが日本サイクルスポーツセンターを舞台に約3000人の選手と観客を集めて開催された。'93年、'94年とチャンピオンシップ2連覇を果たしているケン・スーザ（アメリカ）が三たび勝つのか？ 市民ライダーの代表、村山利男がそれを阻むのか？ 年間ポイントチャンピオンの副賞、BMWをめぐる激しい戦いが繰り広げられた。

4年ぶりに日本人チャンプ誕生
村山、念願のBMWを獲得！

ケン・スーザと村山の戦いを伝える記事。
『トライアスロンジャパン』1996年2月号より
（提供／アールビーズ）

※30
ドイツを代表する自動車メーカー。高級ブランドとして定番。商品となった「3シリーズ」は現在、400万円～600万円ほど

後の伊豆ＣＳＣまでもつれたけれど、最終的には優勝できました。その時もらったＢＭＷには5年乗ったかな。

極意

ランニングとロードバイクを組み合わせたデュアスロンは、どちらもやっている方にはおすすめの競技です。しかし、ケンは強かったなあ。

乗鞍6連覇と市川雅敏さんのこと

その頃知り合ったのが、市川雅敏[※31]さんです。市川さんは日本人として初めてジロ・デ・イタリア[※32]を走った選手です。しかも、途中からはチームのエースとして走り、ヨーロッパの他のレースでいくつも勝利を挙げている、伝説の選手です。

その市川さんが、引退してから日本でデュアスロンを始めていたことは、案外知られていません。伊豆ＣＳＣ[※33]で挨拶したのが、知り合うきっかけでした。

※31
1961年生まれの日本の元プロロードレーサー。日本人として初めてジロ・デ・イタリアを完走した。ヨーロッパで6勝を挙げている

※32
イタリア全土を約3週間かけて走るロードレース。ツール・ド・フランス、ブエルタ・ア・エスパーニャと並んで世界3大ツールの1つ

その頃はちょうど、ロードレースに本腰を入れようと思ってた時期でした。でも、そのためにはどこかのチームに所属する必要がありました。そこで、市川さんのチーム「Ｖｉｔｅｓｓｅ《ヴィテス》※34」に入ることになったんです。レースは基本的に、Ｖｉｔｅｓｓｅのジャージで走っています。

１９９７年から「全日本マウンテンサイクリングin乗鞍」を6連覇した時も、もちろんＶｉｔｅｓｓｅのジャージです。

乗鞍は、走った人は分かると思いますが、序盤の勾配は割と緩く、第2計測ポイントあたりまでは集団で走ったほうが絶対に有利※35です。

というのも、速い速度で走るロードバイクにとって、空気抵抗は最大の敵になるからです。自分の前に1人レーサーがいるだけで、だいぶ楽に走れます。ツール・ド・フランスなどで、選手たちが一列になっているのを見たことがありませんか？　あれも、空気抵抗を避けるためのもので、「ドラフティング」という立派なテクニックの1つです。1人で風を受けて走ると体力を消耗しちゃうから、独走は極力避けたいんですよ。

でも、当時は早い段階で自分が飛び出してゴールまで一人旅、というパターンが多かったため、優勝はできてもタイムはイマイチでした。

40歳の頃には、55分30秒のコースレコード（当時）を出しましたが、その時に途中まで前を引いてくれたのが市川さんでした。単独だったら55分台は難しかっ

※33
静岡県伊豆市にある施設。サーキットコースを持ち、多くのレースが開催されている

※34
市川雅敏が経営するサイクルショップ「ヴィテス」のチーム

※35
勾配が緩いと速度が上がり、空気抵抗が大きくなる。そのため、ドラフティングの効果は増加する

たと思います。今は、第2計測ポイントまで速い選手たちが団子になって進むので、いいタイムが出やすいですね。

2003年の乗鞍は欠場。2004年はパンク、2005年は56ちゃん※36に負けちゃいました。

市川さんには、20年前からキーウィンの超軽量ペダル（ペア190g）を提供してもらっています。あの人の開拓精神はすごいですよね。単身ヨーロッパに行って、レースにも勝っちゃう。今でも、レース結果はメールか電話で報告していますよ。

極意

ヒルクライムでも、勾配が緩いところではドラフティングが重要。市川さん、その節はどうもありがとうございました。

※36
イナーメ信濃山形所属の筧五郎選手

2章

トレーニングに必要なもの

自己観察がモチベーションを維持する

自分の体がいちばん面白い

モチベーション低下を防ぐには

今は、私の練習コースは1つだけです。弥彦山への往復110kmのみ。平日の朝も、土日休日も弥彦山。もう5年以上、そんな生活が続いています。どうして飽きずに毎日毎日、同じコースを走れるのかと、よく聞かれます。「モチベーションは何？」って。

答えはもちろん、酒ですよ。でも、それでは飲まない人の参考にはならないですね。実は、酒の他にもポイントがあります。

仕事をしながら走る市民レーサー※1のいちばんの敵が、モチベーションの低下

※1
一般的には、仕事を持ちながらレースを行う人のことを指すホビーレーサーともいう

です。よく「最近、仕事が忙しくて全然走れていない」という人がいます。レースの前になると、特に増える気がしますね※2。

本当に仕事のせいなんでしょうか。

私は、**時間は「できる」ものではなく「作る」ものだと思っています。**「時間がない」のではなくて、単に走る時間を作っていないだけではないでしょうか。まったくロードバイクに乗れない日が続くことなんて、ほとんどないと思います。

つまり、時間がないというより、モチベーションが下がったから時間を作れなくなったのです。結局、モチベーションなんですよ。かといって、無理やりやる気を出そうって言っても、意味がありません。

そこで、工夫をしましょう。モチベーションを維持するための工夫を。

極意

時間はできるものではなく、作るものです。そのためには、モチベーションが欠かせません。モチベーションさえあれば、練習時間は捻出できます。

※2
ライバルへのけん制という意味を持つこともある

変化はモチベーション

飽きないようにするためには、「変化」が必要です。

最も手っ取り早いのが、機材を変えることです。新しいフレーム、新しいホイールがあれば、雨でも走りたくなっちゃいます。でも、しょっちゅう新しい機材を買っていたら、お金が持ちません。

ちなみに私は、練習用の自転車※3は10年くらい変えていません。ずっと同じライトスピード（Litespeed）※4のフレームです。細かいパーツはたまに替えていますが、コンポーネント※5は一緒です。

コースを変えるという手もありますが、これは意外と難しいはずです。路面がよくて走りやすい、自転車に適した道はそんなにないですし、そもそも、忙しい日のローラー台でのトレーニングじゃコースを変えることはできません。

でも、心配いりませんよ。毎日、絶えず変化しているものが、1つだけあります。**それは、自分の体です。**

体調がまったく同じ日というのはないはずです。仕事、食事、睡眠……日々体調は変化します。飲みすぎた翌日のトレーニングで苦しんだ経験はありませんか？　あ、私だけですか。

※3
通常、トレーニング用のロードバイクと、軽量なレース用バイクに分ける場合が多い

※4
アメリカの自転車メーカー。チタンフレームを得意とする。http://www.litespeed.com/

※5
ロードバイクを構成するパーツ群のこと。日本のシマノのものが有名

とにかく、とても大きな「変化」がここ、体にはあるんですよ。飽きないようにする秘訣は変化を用意することですから、これからご説明するように、体の変化に着目すれば、飽きる心配はないのです。逆に、今日の自分はどんな体調でどれくらいのパフォーマンスを発揮できるんだろう、と、日々のトレーニングが楽しくなるでしょう。心拍数や峠のタイム、体調に注目すれば、毎日のトレーニングは面白く、飽きにくくなるんです。

極意

飽きずにトレーニングを続けるには、何か変化をつけてみましょう。機材とか、コースとかでもいいですが、いちばん面白い「変化」は自分の体なのです。

継続の秘訣は心拍計

飽きずに楽しめるおすすめアイテム

心拍計を利用する

私が毎日飽きずにトレーニングを続けられる秘訣は、心拍計[※6]**にあります。**

心拍計は、胸に巻いたセンサーによって自分の心拍数を測る機器です。心拍数は、基本的に**1分当たりの心臓の拍動数のことを指します。**1分間に心臓がドキドキした回数ですね。

スピードを上げたり、峠を上ったりすると、苦しくなります。**この「苦しさ」の度合いを、「運動強度」と呼びます。**運動強度が上がれば上がるほど、全身に酸素を送り込むべく、心拍数は上がります。つまり、**心拍数は運動強度の指標にな**

※6
運動中の心拍数を表示する機器。サイクリスト向けには、サイクルコンピューターと一体化したものが多い

るわけです。

これによって、客観的に運動強度を管理しながら効果的なトレーニングが行えます。

いまどき心拍計？　という人も多いでしょう。今やトレーニングの最先端では、乗り手のパワーを計測できる「パワーメーター[※7]」が主流ですから。実際、レース会場で周りの若い選手を見ても、パワーメーターを装着している人が多いです。

でも、私はパワーメーターよりも心拍計を使用します。パワーメーターは高価です[※8]し、重さもあります。パワーも、峠のタイムを計れば、上がったか下がったかは分かります。体重は変わらないのにタイムが短くなれば、それはパワーが上がったということです。

確かに、パワーメーターは体調や路面状況に左右されず、純粋に出力を計測することができます。それが、パワーメーターのメリットとされています。逆に言

ステムキャップに装着された心拍計のモニター。サイクルコンピューターと一体化したタイプ

※7
クランクやペダルに装着し、乗り手のパワーを計測する機器

※8
パワーメーターは安価なものでも 10 万円程度。心拍計は 1 万円前後から入手できる

えば、体調に左右されないということは、その日の調子を観察することができないという欠点でもあるのです。

極意

最先端のトレーニングでは、今やパワーメーターが主流になっています。ただ、心拍計でも運動強度は管理できます。

心拍数で体調を確認する

心拍数の面白いところは、体調を反映する点にあります。

まずは、走り出す前。

安静時の心拍数※9が普段より高い日もあるでしょう。**そういう日は、体が疲れているか、ストレスのせいで交感神経※10が高まり、結果として心拍数が上がっているかのいずれか、または両方です。**

心拍計でメンタルの状態まで分かってしまう。単に出力を計測するパワーメー

※9
起床時の心拍数を疲労のチェックに使うケースが多い。首や手首に指を当てて脈を数える方法もある

※10
自律神経系の1つで、心身が激しく活動しているときに高まる

ターにはまねできない芸当ですね。

走り出す前から心拍数が高い日は、無理はしないでおきましょう。トレーニングによる疲れがたまっていたり、仕事でストレスを受けている証拠ですから。

ちなみに、個人差はありますが、安静時の心拍数はトレーニングを重ねるほど低くなります[※11]。1回の拍動で送り出す血の量が増えるからです。でも、トレーニングをサボると元に戻っちゃいます。このことも覚えておきましょう。

さて、次に、走り出した後の心拍数に注目します。

走り出すと、徐々に心拍数は上がっていくはずです。順調に心拍数が上がるときは、しばらくトレーニングをしていなかったから心臓の力が落ちたか、逆に調子がいいか[※12]のいずれかです。**もし、トレーニングを継続しているのにスカッと心拍数が上がる日は、体調がいいってことです。**車にたとえると、エンジンの吹けがいい状態と言えます。

平地では風向きによって負荷がまったく異なるので[※13]、上りに差しかかったときの心拍数に注目してください。気持ちよく心拍数を上げられる日は、調子がいい日。峠のタイムにも期待していいはずです。

ところが逆に、調子が悪い日もあるでしょう。がんばろうと思っても、妙に苦しい。心拍計を見ると、心拍数は全然上がっていない。そういう日は、疲れが残っていたり、体調が悪いことを示しています。

※11
いわゆる「スポーツ心臓」。心臓が肥大化し、心拍数が低下する

※12
体調がいい日は心臓の働きも活発になるため、心拍数が上がりやすい

※13
平地で同じ速度の場合、向かい風ならば負荷は大きく、追い風ならば小さくなる

そうなったら、私は引き返しちゃいますね。上りは心拍数を上げて走るものだと考えているから、エンジンがかからない状態で、平地と同じ心拍数で走ってもしょうがないんです。それよりは、ゆっくり休んで明日に備えることをおすすめします。

日々の調子以外に、中・長期的に見て自分が強くなっているかどうかも、峠と心拍計があれば、はっきり分かります。次の2通りの結果が出たときです。

①同じ平均心拍数で、上りのタイムが短縮された

②同じタイムでも、平均心拍数が下がった

いずれも、あなたの心臓が強くなった※14ということを意味しています。

繰り返しになりますが、心拍計はモチ

心拍数と体のコンディション

体のコンディションがいい日は…

- トレーニングを続けているのに心拍数が上がりやすい

体のコンディションが悪い日は…

- 安静時心拍数が高い
- 心拍数が上がりにくい

※14
心臓の能力が向上し、1拍当たりの心拍出量が増大することを意味する

ベーションを維持するために非常に役立ちます。短期的には、今日の自分の調子はよかったのか、悪かったのか。中・長期的には、強くなっているのか、そうでもないのかが分かるからです。自分を見ていれば、飽きることもないですよ。
この年になっても私は、やっぱり「明日はもっと調子のいい自分に会えるんじゃないか」と思って走っています。だから走れるんですよ。

極意

自分が強くなっているかどうかも心拍計を使って知ることができます。強くなればなるほど、低い心拍数で高いパフォーマンスを発揮できるようになるからです。

屋内でトレーニングできるローラー台

忙しいサラリーマンにはぴったり

天候に左右されないローラー台

私が住んでる新潟は、冬にはものすごい雪が降るんです。とてもロードバイクなんて乗れません。さらに、晩秋になると、毎日のように冷たい雨。だから、11月以降は外をほとんど走れないんです。

じゃあどうやってトレーニングをしているのかというと、固定バイクです。ジムなんかに置いてありますよね。あれに乗っています。指定した負荷をかけられるのは面白いですが、設置場所も必要となるので、**「ローラー台※15」の購入をおすすめします。**

※15
ホイールをローラーで押さえつけることで負荷をかけ、屋内でのトレーニングを可能とする機材

ローラー台は、屋内でトレーニングするための道具です。3本のローラーの上でロードバイクに乗る「3本ローラー台」と、後輪を固定する「固定ローラー台」の2種類※16がありますが、3本ローラー台は動作音が大きいので、固定ローラー台のほうがいいでしょう。いずれも、2～3万円から買うことができます。

ローラー台のメリットは、天候と関係なく乗れることです。外が雨だろうが雪だろうが、トレーニングができます。準備にあまり時間がかからないのもいいですね。レーサーパンツを履くだけですぐに乗れます。週に数回、1回30分しか練習時間がとれない……とい

後輪を固定する固定ローラー台は騒音も小さく、屋内でのトレーニングに向いている

※16
ホイールを固定しない3本ローラー台は自然な走行感が得られるが、ローラーの数が多いため騒音が大きい

うようなサラリーマンにも向いているでしょう。

なお、油圧かマグネットで負荷を調整する物が主流ですが、油圧式のほうが静粛性に優れる傾向があるようです。

ロードバイクの後輪を固定する固定ローラー台。油圧かマグネットで負荷を調整する

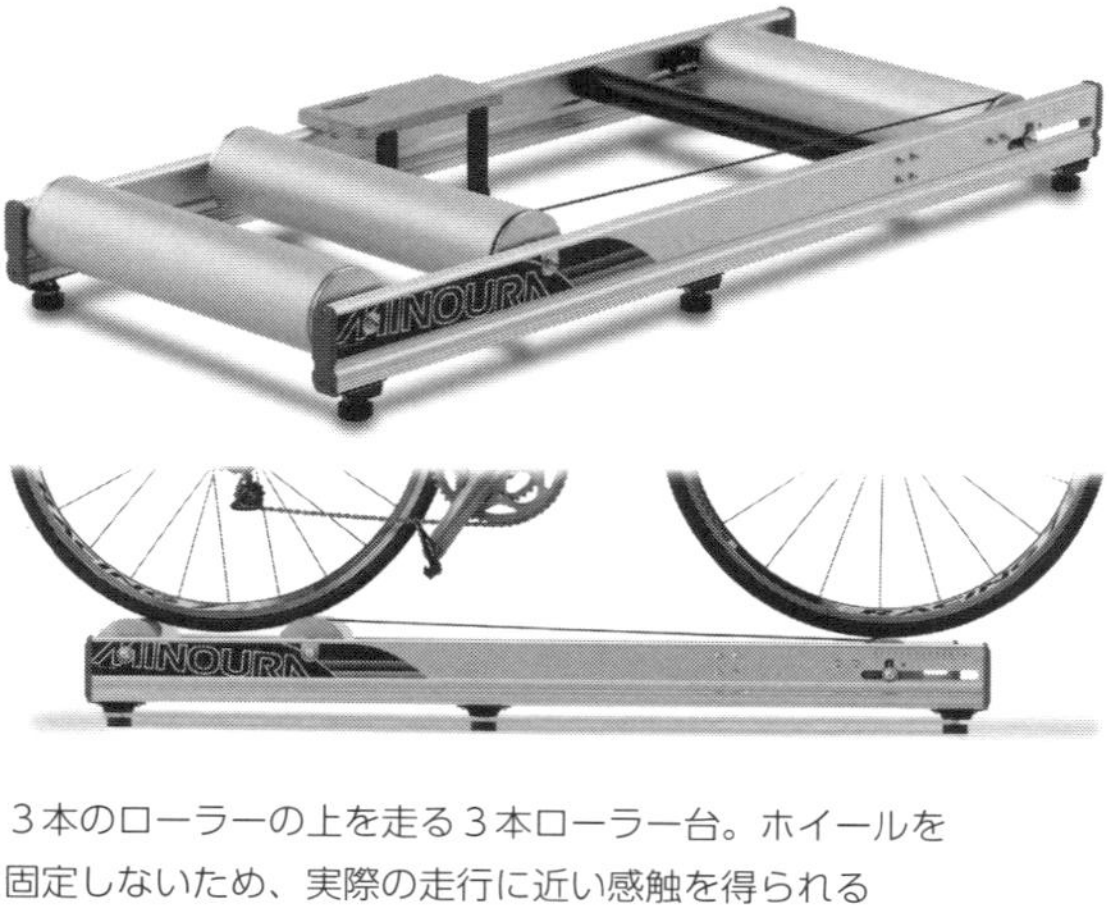

３本のローラーの上を走る３本ローラー台。ホイールを固定しないため、実際の走行に近い感触を得られる

極意

準備に時間がかからず、天候を問わずに自転車に乗れるローラー台。仕事を持っている人にはおすすめです。静粛性を求めるならば、固定ローラー台がいいでしょう。

ローラー台でもパフォーマンスは維持できる

前述したように、私は晩秋以降、基本的に外での実走はしません。次に外で走れるのは、早くても3月です。つまり、長いと5カ月以上、実に半年近く外でロードバイクに乗れない生活が続くわけですよ。

実走とはいろいろな点で異なるローラー台では、十分なトレーニングができないという人もいます。特に私は固定バイクを使っているので、ハンドル－サドル間の落差や、クランク長など、ポジションがロードバイクとは全然違います。だから、実走ほど効果がないというわけです※17。

外と違って風景が変わらないため、長時間続けるのが苦痛というデメリットはあります。実際、私も屋内でのトレーニングは、長くても3時間くらいです。外

※17
ポジションが異なると、使われる筋肉も異なり、体の使い方が変わるため

を走るよりも、どうしても時間は短くなっちゃいます。

半年近くそんな生活が続いて、果たしてパフォーマンスが維持できるのかと思われるでしょう。**結論から言うと、屋内トレーニングでも、十分にパフォーマンスは維持できます。**

私の弥彦山のベストタイムは27分くらいです。でも、毎年4月に弥彦山への初ライドをしても、31分くらいで上れます。パフォーマンスは、最大でも1割落ちるくらいでしょうか。人によっては、屋内トレーニングだけでパワーアップも可能でしょう。私の場合、外での実走を始めてから2カ月もあれば、コンディションをピークに持っていけます※18。ヒルクライムのタイムはその日の調子に大きく左右されますから、1割はほとんど誤差のレベルです。がっつりとオフを取るプロならば、パフォーマンスの低下は1割どころではないでしょう。

そもそも、私が昔参戦していたデュアスロンのシリーズであるカナヤカップは、最終戦が12月でした。12月の新潟なんて、雪で歩くことすらままならない世界ですから、トレーニングは固定バイクしかない。それでも元世界チャンピオンに勝てたんだから、何とかなるってことですよ。

だから、トレーニング時間がなかなかとれない忙しい方も、諦める必要はありません。ローラー台を買って、1日1時間でも30分でもコツコツとトレーニングを続けてみてください。ちゃんと効果は表れます。

※18
本来のパフォーマンスを発揮すること

極意

なかなかトレーニングの時間がとれない人、私みたいに外を走れる日が少ない地域に住んでいる人でも、ローラー台があれば大丈夫。９割程度のコンディションなら維持できます。何でもやりようですよ。

ローラー台でも心拍計

ローラー台には「退屈」という大敵がいます。使ったことがある人なら分かると思いますが、風景が変わらない中で延々とペダルを回すわけですから、どうしても飽きやすくなります※19。プロ選手でも、雨などの理由でローラー台でトレーニングを行わなければいけなくなる場合もあるようですが、やはり心理的に苦しいと聞きます。そう考えると、普段のトレーニングで退屈を紛らわせてくれる風景は、偉大な存在ですね。しかし、ないものねだりをしてもしょうがありません。ここでも工夫しましょう。

やはり役に立つのが心拍計です。普段の練習と一緒で、自分の体を観察していれば、飽きないんです。

※19
ローラー台のトレーニングの最中に音楽を聴いたり、映像を流す選手も多い

5章で説明しますが、ローラー台でのメニューは2つ、「ビルドアップ走」とLSD[※20]だけです。前者がトレーニングで、後者はカロリー消費がおもな目的です。ビルドアップがないとパフォーマンスを維持できませんし、LSDがないと体型を維持できません[※21]。ほら、冬は冬でおいしいものがたくさんありますから。熱燗とかね。

ビルドアップは、心拍計を見ながら徐々に強度を上げていくメニューです。心拍数の上がり具合（55～56ページ参照）を見て「おっ、今日は調子がいいな」とか、「夕べ飲

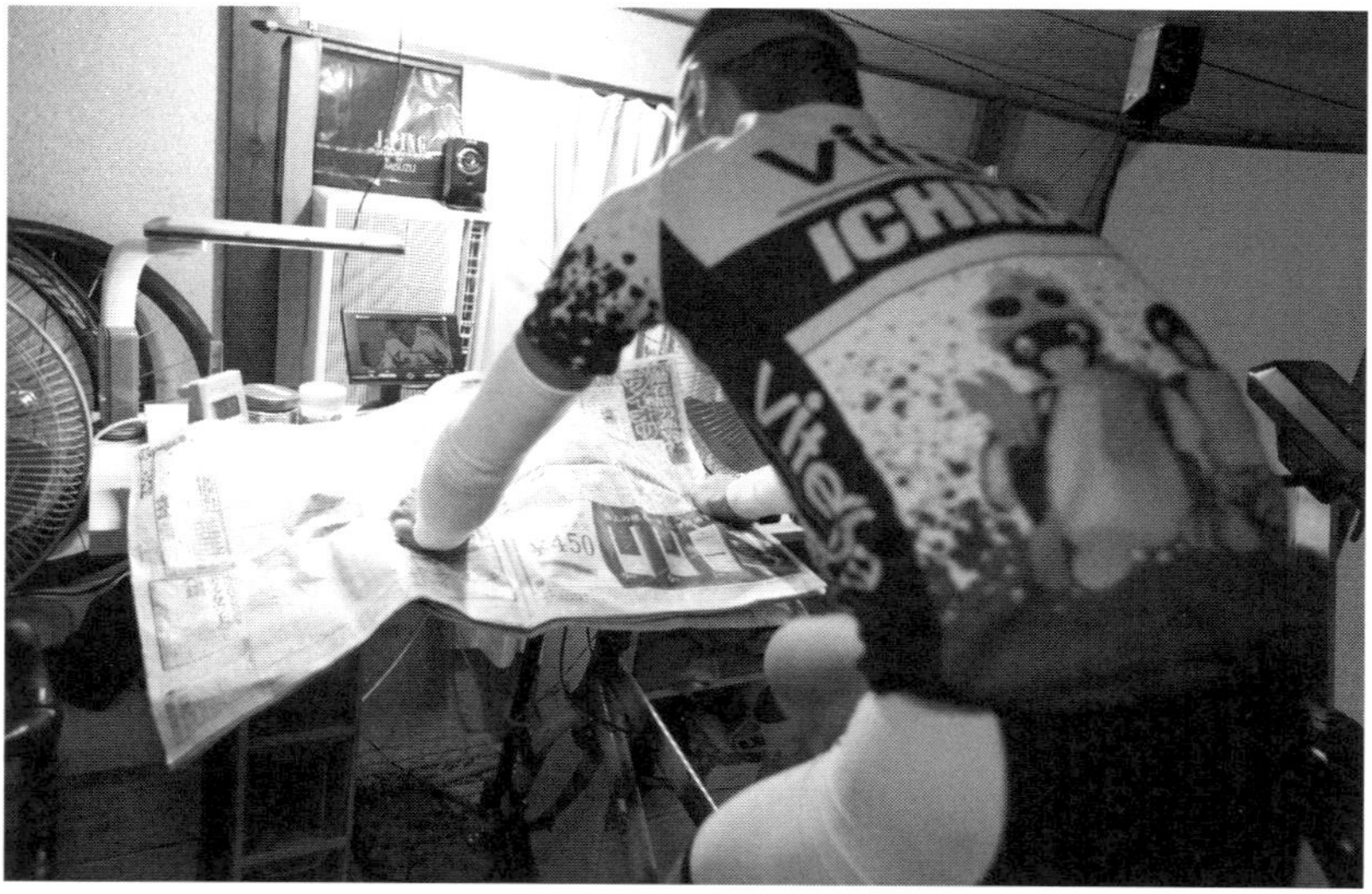

強度が低ければ、他のことをしながらペダルを回すこともできる

※20
徐々に強度を上げ、限界まで追い込むビルドアップ走と、低強度でペダルを回すだけのLSDとがある。詳しくは5章を参照

※21
LSDは体脂肪を燃焼させる効果が大きいと言われている

みすぎちゃったかなあ」とか、体の調子を観察しつつ走れば、飽きません。ローラー台と心拍計は必需品ですね。

カロリー消費のために2時間くらい行うLSDは、のんびり脚を回せばOKです。私は新聞を読む時間をLSDに充てています。新聞を読みながら脚を回すんです。上半身がお留守じゃもったいないでしょう？　他には雑誌を読んだり、固定バイクの前にあるテレビを見たりしています。強度を上げない分、やれることはたくさんありますから、飽きない工夫をしましょう。忙しい人なら、ローラー台の上で仕事をしてもいいんじゃないでしょうか。それは流石に難しいですかね。

極意

つまらなくなりがちなローラー台のトレーニングも、心拍計があれば楽しめます。お金がある人ならパワーメーターでもいいですが、私は心拍計で十分だなあ。

同じトレーニングコースでも、違う楽しみを見つける

体は日々変化している

老いていく体ほど面白いものはない

50ページで、自己観察がモチベーション維持のコツだとお伝えしましたね。そう、モチベーションを維持するためには、自分の体を見るのが重要です。面白いですよ、体って。見ていると、飽きることがありません。

特に私なんて年ですから、老いていく自分を観察するのがすごく面白いです。人間、年と共に衰えるのは当然です※22。でもそこでガッカリするのではなく、それを楽しめばいいんですよ。何度も言うように、工夫して衰えを防ぎつつ、あわよくばパワーアップして周りを驚かせちゃう。それがモチベーションなんです。

※22
筋力の低下など、加齢に伴い身体的パフォーマンスは低下する

思い返すと、20代、30代の若い頃は、そんなこと気にしていませんでした。年齢を重ねたものだけの特権ですね。

朝起きたら腰が痛い。何が原因なんだろう、と考えるわけです。いつもの上りで、心拍数が上がらない。夕べちょっと飲みすぎたかな？　あるいは、練習のし過ぎか……などなど、体と対話していると、飽きることがありません。きちんと向かい合えば、体って雄弁なんですよ。**それを考えると、コースを変えれば体調の変化に気づきにくくなってしまいます。コースよりも、体のほうに注目しましょう。**

極意

体の観察に全力を注いでみてください。退屈なローラー台での練習も、面白くなりますよ。コースが変わらない分、体の変化がはっきりと分かります。

速度も指標になる

体の観察は、具体的にはこんな感じで行います。

行きは、海沿いの緩いアップダウンを、時速35㎞を目安に走ります。風によって強度は変わりますが、私の場合、時速30〜35㎞はLSDよりも少し上の強度※23です。多少強度を上げて、速度を出したほうが気持ちいいですよね。だから、平地での移動も基本的にLSDではなく、もう少し上の強度で走るようにしています。

もう、十数年も毎日走っているコースですけど、日によって暑かったり、寒かったり、風が吹いていたりと同じ日は二度とありません。いつもより余計に汗をかいている自分に気づいたりもします。ドリンクの量※24は持つかなあとか、心拍数が上がっちゃうんじゃないかとか、いろいろ考えるわけです。

あと、速度も見ます。道の勾配や風向きの影響を受けやすいということで、近年は心拍数やパワーの陰に隠れてしまった感がありますが、速度だって立派な指標です※25。勾配や風の影響などは、何千回と同じコースを走っていれば、だいたい分かるようになりますから補正できます。目標とする速度を決めてもいいかもしれませんね。

※23 「テンポ走」などとよばれる強度

※24 脱水を防ぐため、10分〜20分に1回程度、ドリンクを飲むとよいとされる

※25 パワーが一定でも、速度は風向きや勾配、路面状況によって大きく変化する

やがて弥彦山に差しかかると、本格的に強度を上げて、いよいよ心拍数が上がってきます。仕事やトレーニングの疲れがあったり寝不足だったりすると、心拍数はなかなか上がらないし、ペースも遅いので引き返しますが、心拍数がきれいに上がれば、ベストタイムの更新を目指して頂上までがんばります。
そして帰りも、行き同様時速35㎞のペースで走ります。ＬＳＤじゃつまらないですからね。

極意

体を観察するためには、指標があったほうがいいでしょう。私はずっと心拍計ですが、流行のパワーメーターやスピードメーターからもいろいろなことが分かります。

心拍計で、トレーニングのPDCAを回そう

体の進歩を見守る心拍計

トレーニングにもPDCAを！

「PDCA※26」って聞いたことありますよね。仕事の現場で使われる言葉で、Plan（計画を立てる）↓Do（実行に移す）↓Check（反省する）↓Act（改善する）の頭文字をとったものです。日本語では、「継続的改善」と言います。

実はトレーニングにも、PDCAが有効です。強くなるために必要ですし、**PDCAを回していると、飽きにくいんです。**そして、PDCAに役立つのが、心拍計です。

※26
第二次世界大戦後、工業の分野で生まれた考え方で、生産管理や品質管理などを円滑に進めるための手法

まずプラン。ここはあまり難しく考える必要はありません。5章で解説しますが、私のトレーニングメニューは、大きく分けて3つだけです。実走ならば、弥彦山への往復の「ファストラン」と、弥彦山の上りでの「ビルドアップ走」。屋内なら、固定バイクでのビルドアップ走。これだけです。皆さん忙しいんですから、ごちゃごちゃ考えるよりも、さっさと自転車にまたがっちゃいましょう。

1週間単位や1カ月単位で綿密にプランを立てる人もいますが、果たしてその通りに実行できるでしょうか。急な仕事が入ったりすることもあるでしょうし、天候はお天道様次第。難しく考えるよりも、とにかく継続こそ力です。やれる範囲でがんばったほうが長続きしますし、継続できれば強くなります。しっかりと心拍数を見て、体の調子を確認しながら走りましょう。

そしてチェック。これには2つあります。まずは、その日の調子のチェックと分析です。何分で峠を上れたか。平地の速度はどのくらいか。心拍数の上がり具合はどうだったか。調子がよいならよいで、悪いなら悪いで、その原因をきちんと分析してみてください。パフォーマンスを下げた原因を減らし、逆にパフォーマンスを上げた原因を増やす。これが強くなるための、シンプルな方法です。

もう1つは少し長期的な話で、強くなっているかどうかの確認です。**峠のタイムは短縮傾向にあるかどうか。また、心拍数は低下しつつあるか**[※27]**。56ページにあるように、この2つが、あなたが強くなっているかどうかを示す重要な指標で**

※27
心臓の能力が上がれば、
運動の負荷は同じでも、
心拍数は下がる

す。これはその日ごとの調子とは少し違うので、一喜一憂せずに長い目で見ましょう。ロードバイクのトレーニングは、一朝一夕にはいきません。月単位、年単位で強くなるものです。そういう、長いスパンでのコンディションも確認しなければいけません。

最後に改善です。その日の**調子をよくした原因、よく寝られたとか、寝る前のストレッチ**[※28]**が効いたとか、そういう要因をできるだけ増やします。また、長期的に強くなっているならば、やはりその原因を探って次回に生かしましょう。そして逆に、調子を悪くした原因は減らしていきます。**そうすれば、次はもっと速く走れるはずです。強くなる原因を探して、増やす。そして弱くなる原因を排除する。そうすれば必ず強くなるはずです。これがトレーニングのPDCAです。

極意

PDCAといっても、難しく考える必要はありません。要するに、強くなる要素を増やして、弱くなる要素を取り除くだけの話ですから。それを続ければ、確実に速くなっていきます。

※28
血流を改善し、回復を促進する効果がある

トレーニングのPDCA

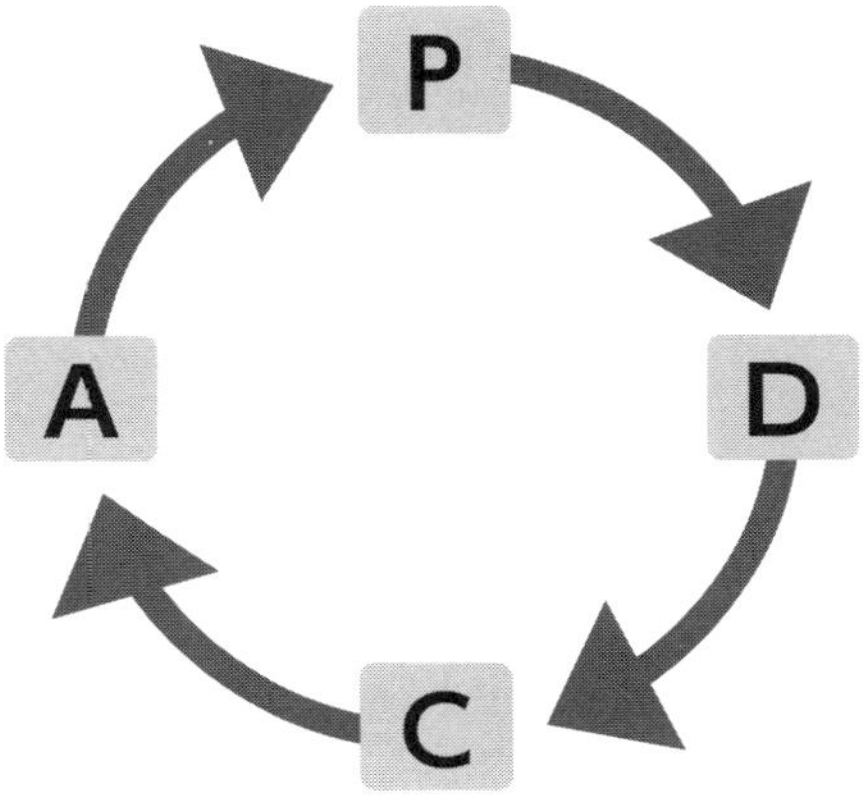

Plan	どんなトレーニングをするか?
Do	体調を観察しつつトレーニング
Check	パフォーマンスはどうだったか? 強くなっているか? またその原因は?
Act	パフォーマンスを上げた原因を 増やし、下げた原因を減らす

日常生活にゲーム感覚を取り入れよう

トレーニング時間を確保するのも楽しみの1つ

市民レーサーだけの特権

忙しい市民レーサーには、プロにはない特権があります。

それは、「時間を作るゲーム」ができることです。出勤までの短い時間で、効率的なトレーニングをしなきゃいけない。家に帰ったら帰ったで、晩酌の時間を確保しつつ明日に備えて早く寝ないといけない（酒飲みはね）。とにかく、時間を大切に使いたいのがサラリーマンです。

忙しくて大変だと不満を言う人は多いですが、それを逆手にとってゲームにしちゃえばいいいんですよ。毎日が練習時間を確保するためのゲームなんです。

まず、毎朝起きたらコーヒーを飲むわけですが、そのコーヒーをいかにすばやく、かつおいしく入れるか[※29]。さっさと走りに行きたい気持ちはもちろんありますが、目覚めのコーヒーがまずかったらテンションが下がってしまいます。

トイレに入っても、毎日そんなにスムーズに出てくれるとは限らないから、お腹をさすったり工夫する。そして、一瞬で、しかし確実にコンタクトレンズ[※30]を眼に入れたら、外に飛び出す。ここまでをスムーズに行えると、気持ちいいですね。

私はバスで通勤していますが、バスが来るのは7時57分です。バス停までは、玄関から走って1分。シャワーと着替え、アミノ酸を飲むのに11分かかるので、合計12分。だから、デッドラインが7時45分なんです。7時45分までに家に着けるように、最後のほうはタイムトライアル状態ですよ、毎朝。

仕事はもちろん、定時で終えたい。残業代があるからといっても、やはり定時で帰りたいじゃないですか。だから、朝

1日のスケジュール

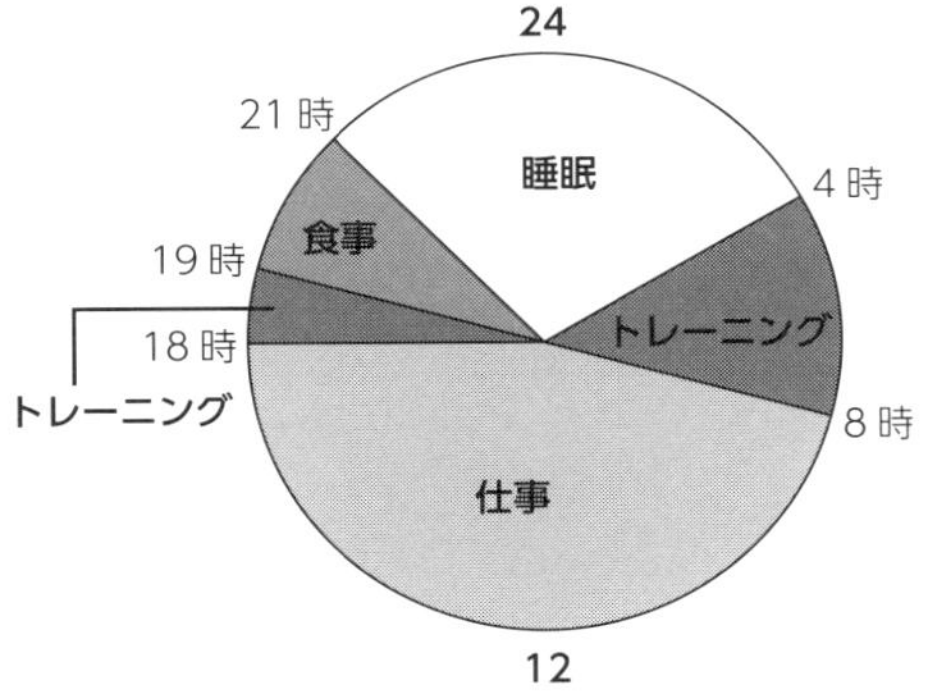

※29
熱湯ではなく少し覚ました湯を使う、豆を蒸らしてから淹れる、などのポイントがある

※30
度付きのアイウェアも発売されているが、度数によっては視野がゆがむ場合もある

のトレーニングから帰ってきた瞬間から、仕事のことを考え始めます。「朝はピリピリしていて話しかけにくい」って奥さんに言われるけど、それは頭の中で仕事の段取りを組んでいるからなんです。

シーズン中は寝る時間を21時って決めているので、帰宅してからも時間との戦いです。21時までに、固定バイクに乗りながら新聞を読んで、風呂に入りながら晩酌を開始して、シメの魚沼産コシヒカリまでを楽しまなきゃいけません。

毎日の就寝時間が決まっていない人は**絶対に決めたほうがいいですよ。**夜、だらだらしないで済みます。

人生、楽しんだもの勝ちです。仕事が忙しくて大変ならば、それを楽しんじゃえばいいんですよ。メリハリのある毎日が送れます。

極意

トレーニングの時間は、作ろうと思えば作れるものです。そして、時間を作り出すことを一種のゲームだと思えば毎日を楽しめるはずです。

逆算して時間を作る

「時間を作るゲーム」を楽しむポイントは逆算です。

たとえば、21時という就寝時間は、4時という起床時間と、最低6時間半という睡眠時間※31から逆算しています。起床時間は、出勤時間と走りたい距離からの逆算。帰宅目標時間は、酒を飲む時間からの逆算……といった具合で、やりたいこととやらなきゃいけないことを先に決めてしまえば、何とかなるもんです。

ほら、夏休みの最終日にならないと宿題がはかどらない子っていたじゃないですか。締め切りが近づかないと、どうしても身が入らないタイプの人。誰にでもそういう側面はあると思います。だったら、逆算から締め切りを決めちゃえばいいんですよ。どんなに忙しくたって、1日1時間くらいは確保できるんじゃないでしょうか。1時間あれば、ローラー台でトレーニングをして、シャワーを浴びることができます。まずは、1日のトレーニング時間を決めちゃいましょう。大丈夫。なんとかなりますから。

それに、朝のトレーニング時間のために一日中「時間節約ゲーム」をやっているわけだから、そうやって作り出した貴重な時間は、しっかり走ろうという気持ちにもなります。時間がたっぷりある休日なんかに、だらだらしてしまって、気

※31
必要な睡眠時間には個人差があるが、トレーニングで体に与えた負担を回復させ、成長させるためには十分な睡眠が欠かせない

がついたら夕方だった、なんて経験はありませんか？　時間があると、ついだらけがちです。**つまり、忙しいほうがトレーニングのモチベーションは上がるんです。**

極意

まずは、一日のトレーニング時間を先に決めましょう。その他の時間は、そこからの逆算で算出できるはずです。忙しいほうが、むしろトレーニングに集中できるはずですよ。

3章

機材とフォームで楽に上る

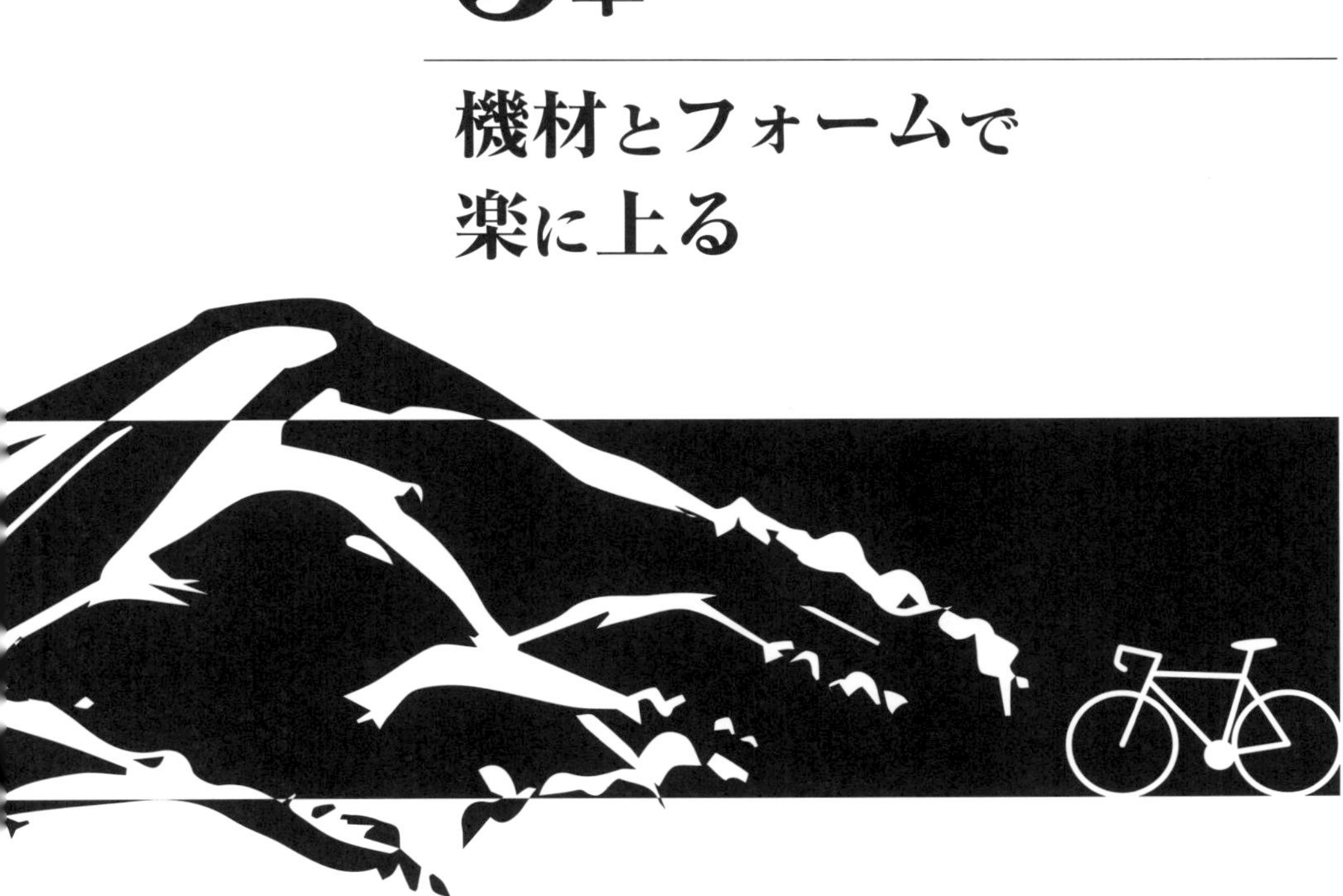

ロードバイクにおける軽量化の重要性

ランナー時代の常識をロードバイクにも適用

軽さへのこだわり

私はずっと、軽量化にはこだわってきました。できるだけ楽をして勝ちたいですから。

1章では、最初のレースに出た時からフロントのギアが1枚だけ（フロントシングル）だったとお伝えしました。今でこそヒルクライムレースではフロントシングルを見かけますけど[※1]、当時は珍しかったみたいで、驚いた人が声をかけてきた記憶があります。

でも実は、驚かれたことにびっくりしていました。それまでやっていたランニ

※1
実業団以外のヒルクライムの市民レースでは、フロントシングルの選手も多い

ングでは軽量化は当たり前だったので、自転車乗りが余計な物をくっつけているのが不思議だったのです。

ランニングって、自転車のヒルクライム以上に軽量化が重要な競技なんです。軽ければ軽いほど、走りは楽になります。ウェアやシューズの重量には徹底的にこだわるし※2、前の晩に食べるおにぎりの数を1つにするか、2つにするかでずっと悩んだりします。

だから、ロードバイクを始めた時も、最初に考えたのは軽量化です。フレームは、当時出始めのカーボン製にして、余計なギアも外しました。ホイールは、ZIPP※3のいちばん軽いタイプです。

だって、当然じゃないですか。ヒルクライムでは、ロードバイクが軽けれ

パワーウェイトレシオとは……

$$\frac{\text{パワー（W）}}{\text{体重＋ロードバイクの質量}} = \text{パワーウェイトレシオ}$$

パワーを増やすことができなくても、体重やロードバイクを軽くすれば、
上りの速さの指標になるパワーウェイトレシオは増大する

※2
シューズも含め、ウェアにも重量差があるため、軽い物を選べば100g～300g程度の軽量化も可能

※3
軽量のレース用ホイールで知られるブランド
http://www.dirtfreak.co.jp/cycle/zipp/

ば軽いほど有利になるんです。**仮にパワーが変わらなくても、ロードバイクや体重が軽くなればパワーウェイトレシオ（質量当たりのパワー）の値は大きくなりますから、タイムは短縮されます。**軽量化しない手はないですよ。

以降では、パーツごとの軽量化のやり方を紹介しましょう。10〜13ページにある、私の決戦用ロードバイクの写真も参照しながら読み進めてください。

極意

誰でもできる、速くなるための方法が軽量化です。軽くした分は確実に速くなるんですから、重さにはこだわりましょう。軽量化は楽しいですよ。

フロントギアをシングルにする

まずは、フロントギア。ヒルクライムの場合、フロントギアは2枚もいらないだろうと思って1枚にしたのがきっかけですが、その考えは今でも変わりません。実業団のレースではレギュレーションに違反してしまいますが、それ以外のヒルクライムレースなら、1枚で十分です。

問題は、アウターとインナーのどっちを外すかですね。昔はパワーがあったので、どのコースでもカンパニョーロ※4の44Tのアウターで通しました。今は、乗鞍では34Tのインナーを、富士山では48Tのアウターにしています。

基本的に、アウターのほうが大きい分だけ重いのでアウターを外したくなりますが、ギア比には注意しましょう。また、アウターを外す場合、チェーン脱落防止のチェーンキャッチャー※5が付けられないという問題が発生します。

フロントギアをシングルにすると、チェーンが落ちやすくなります。**アウターを外した場合はアウター側に、インナーを外した場合はインナー側に落ちます。**

インナー側にはチェーンキャッチャーを付けられますが、アウター側には付けられません。したがって、アウターを外す場合にはチェーンが落ちるリスク※6を念頭に置きましょう。

いずれにしてもフロントギアをシングルにするとチェーンが落ちやすいのは事実です。

リアのギアチェンジはそっと行ってくださ

フロントシングル化されたロードバイク。写真はアウターを外した状態で、フロントディレーラーも外してある

※4
イタリアのパーツブランド。日本のシマノと並んで有名
http://www.campagnolo.com/WW/en/

※5
チェーンがギアから外れても落ちないようにするパーツ

※6
複数段の変速を一気に行うとチェーンが落ちやすい

い。

一般的なロードバイクは、ブレーキレバーと変速レバーが一体化したデュアルコントロールレバー※7を装着しています。これも重いんです。フロントギアをシングルにしたら、アウター側のデュアルコントロールレバーはただのブレーキレバーに変えましょう。もちろんフロントディレーラーも外します。

それから、**アウターを外す場合には、チェーンを詰めて短くすることをおすすめします。**数コマでも、かなり軽くなります。

なお、フロントギアをシングルにできない実業団のレースでも、50T-34Tのコンパクトクランク※8で十分だと思います。53T-11Tといった、プロしか踏めないギアを用意しても重くなるだけですから。ほら、アウターギアとディレーラーを外すだけで、200gは軽くなったはずです。

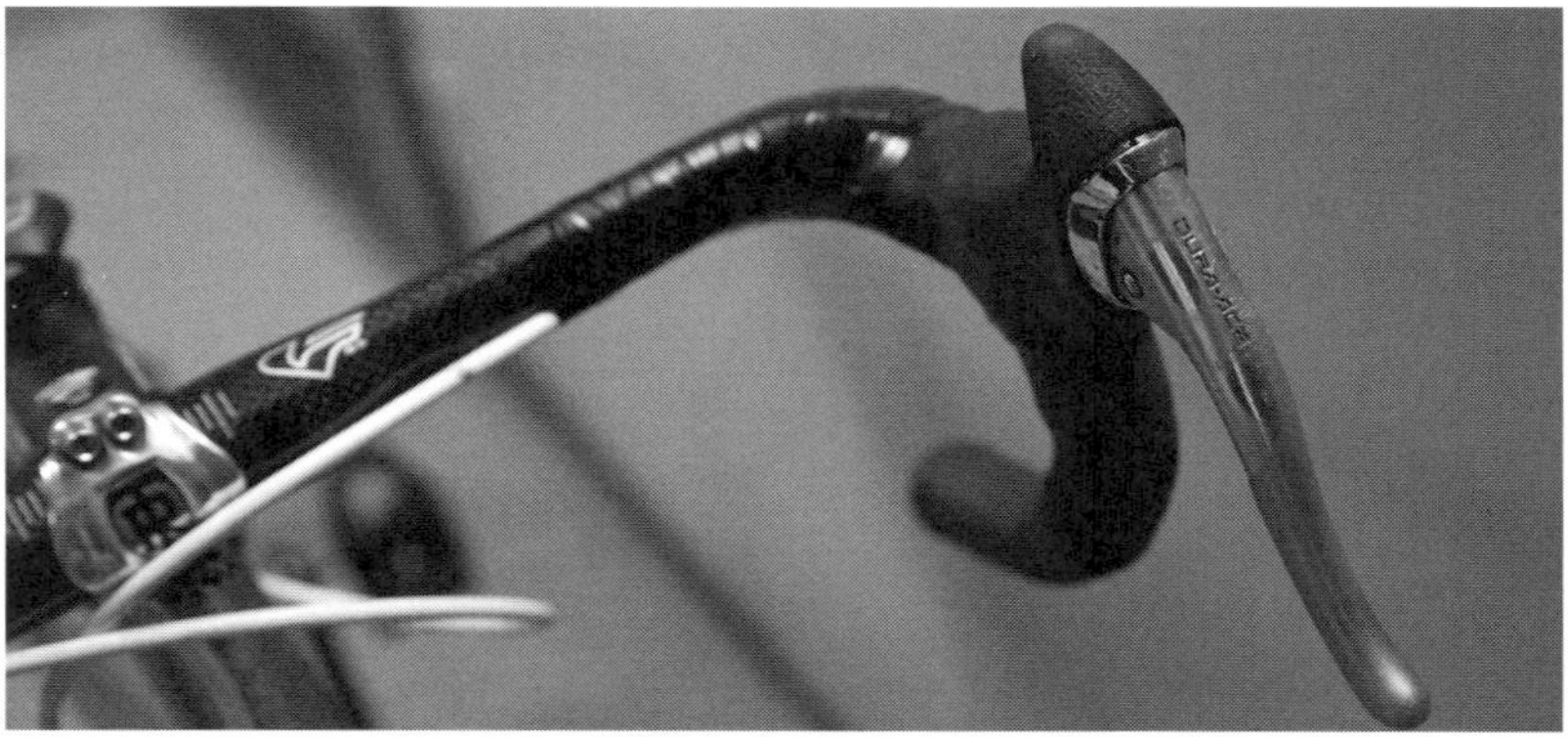

フロントのデュアルコントロールレバーはブレーキレバーにする

※7
ブレーキレバーが変速レバーを兼ねているため、ブレーキレバーから手を離さずに変速ができる。シマノのSTI（シマノトータルインテグレーション）が有名

※8
フロントギアの歯数を少なくしたことで、通常よりも低い速度域にも対応したクランクのこと

極意

フロントギアをシングルにすると、かなりの軽量化になります。ギアは落ちやすくなりますが、多少手間がかかってもやる価値はあるはずです。ディレーラーを外したり、チェーンを詰めたりといった細かい軽量化も忘れずに。

コンポーネントの軽量化

まだまだ軽量化は可能です。たとえばスプロケットには、130g前後の、ものすごく軽いものがあります。シマノの「デュラエース[※9]」と比べても、30gは軽い。そういうものに交換しましょう。ただ、超軽量スプロケットは耐久性に劣るので、すぐに歯飛び[※10]するようになるんですね。昔なんて、2〜3レースしか持たなかったものです。しかし悲しいかな、最近はパワーが落ちてきたせいで、もう少し持ちます。喜んでいいのやら。

歯飛びするのは、ギアの歯数が小さいほう、つまりトップ側です。だから、あまり小さいギアは踏まないほうがいいでしょう。あと、歯飛びすると、その衝撃でチェーンが落ちることも多いです。スプロケットの状態には常に注意してくだ

※10
ギアの歯がすり減ることで、チェーンが滑ったり、変速不良を起こしたりすること

※9
自転車と釣りの関連製品で知られるシマノ(http://cycle.shimano.co.jp)の最高峰のコンポーネント。高価だが、質量は最も軽い

さい。そうそう、チェーンも軽いものに交換するのを忘れずに。

クランクも重いパーツですから、軽量化のしがいがありますね。私は変速系はシマノですが、クランクだけは軽い、カンパニョーロのレコードにしています。ペダルは、市川さんに勧められた「キーウィン」。質量190gと、デュラエースよりも50gほど軽いのですが、回転の良さも気に入ってるんです。

ブレーキも重いですよ。デュラエースでも、前後で300gほどあります。200gを切るモデル※11もありますから、そっちにしましょう。ただし、下りでもちゃんと利くのは最低条件です。

スプロケットやチェーンでも軽量化は可能

極意

私は基本的にシマノを使っていますが、他社のコンポーネントにも目を向けると、かなりの軽量化ができますよ。ただし、互換性や性能には要注意です。

※11
「KCNC」のものが有名

小物も軽量化する

細かいパーツにも、軽量化のチャンスはたくさんあるものです。まず、バーテープ。ハンドルの上の部分は巻かなくてもいいですよね？　そこで私は、1本（片側ぶん）のバーテープを半分に切って使っています。40gのバーテープなら、20g軽くなるわけです。

あと、ボトルケージは外します。ホイールとタイヤを軽いものにするのは言うまでもありませんね。ちょっとお金がかかりますが※12、ここはがんばりたいところです。

見落としがちなのは、サイクルコンピューターですね。あれは結構重いんです。本体というより、自転車に取り付けるセンサーが数10gはあります。だから私は、決戦用バイクにはランニング用の心拍計※13を着けています。ヒルクライムの最中に欲しい情報は心拍数だけです。速度やケイデンス※14なんて知ったこっちゃありません。センサーがないぶん、軽くなります。

サイクルコンピューターを固定するバンドも数gはありますね。そこで私は、ステムのキャップにサイクルコンピューターを直接付けています。厚い両面テープで張り付ければ大丈夫です。

※12
30万円を超えるハイエンドのホイールには、前後で1kg近い超軽量モデルもある

※13
ランナー向けの心拍計が多数発売されている。もちろん、速度やケイデンスは測れない

※14
1分間当たりのペダルの回転数のこと。平地ならば90回転前後が標準とされる

言うまでもなく、ハンドル、ステム、シートポスト、サドルなども、できるだけ軽いものにしましょう。この4つだけで、300gくらいは軽くなるんじゃないですか？

軽さを追求するとカーボンパーツが増えていきます。「壊れやすいんじゃないか」と気にする人もいるようですが、今の所まったく問題ありません。

ただ、立てかけておいた自転車を倒したりといった、メーカーが想定していないような力が加わるケースはちょっと怖いですね。その意味では取り扱い注意です。

いやあ、ずいぶん無駄をそぎ落としてきましたね。でも、軽量化は楽しいでしょ？　ここまでやれば、ロードバイクは相当軽くなるはずです。今の決戦用フレームは780g。今はもっと軽いフレームもたくさんありますが、それでもロードバイク全体で5・7kg※15という軽さです。持った人はビックリしますよ。

ステムキャップに両面テープで張り付けたランニング用の心拍計

※15
UCI（国際自転車競技連合）の規定を採用した実業団のレースなどでは、最低重量は6.8kgと定められている

そうそう、機材に関して「剛性」を問題にする人が多いですが、私は、ペダルを回して、ロードバイクが前に進めばそれでいいんです。剛性なんて、アマチュアがそんなに気にするもんじゃないと思っています。

細かいパーツも含めると、あちこちに軽量化の余地があるものです。軽量化は、それ自身が楽しみでもあるので試してみましょう。

小さな軽量化の積み重ねで、ロードバイク全体をかなり軽くできる

いちばん楽なフォームで上る

変化を避けて、楽なフォームで

できるだけ楽に、変化を少なく

ロードバイクに乗っている時のフォームについて、ちまたではいろいろな議論が飛び交っているようです。骨盤を立てるとか寝かすとか、かかとを上げるとか下げる※16とか。

みんな、難しく考えすぎじゃないですか？　人の体や好みなんてバラバラなんだから、はっきりした答えなんて出るわけがありません。

フォームに関する私の原則は２つだけです。**できるだけ楽なフォームで走ること、できるだけ変化を少なくすることです。**走っている最中の変化を少なくす

※16
かかとを上げ下げすることを「アンクリング」といい、一般的には好ましくないとされる

るのは楽に走るためなので、大原則は1つと言ってもいいですね。

極端に言えば、同じフォームでスタートからゴールまで走るのがベストなんです※17。別の言い方をすれば、ゴールまで維持できるフォームで走るのがコツです。

それが、あなたにとっていちばん楽なフォームですから。

難しく考える必要はありません。いろいろと試してみて、最も楽なフォームで走ればいいんです。それだけではアドバイスにならないので、もう少し具体的な話もしておきましょう。

楽なフォームとは、上半身に無駄な力が入っていないフォームのことです。具体的には、ハンドルを握らない、引かない、押さないのがポイントです。

楽なフォームを安定してずっと維持する。これが大原則です。

極意

楽に走れるフォームを探すのが大原則です。そして、体の構造は人それぞれですから、楽なフォームは人によって違います。いろいろと試して最適なフォームを見つけましょう。

※17
通常、疲労するとフォームが乱れてくる場合が多い

勾配の緩い場所でのフォーム

勾配の緩い、いわゆる平地では、基本的にブラケット※18を持って走ります。ただし、「持つ」ではいけません。**手は、ハンドルの上にそっと置くだけが理想です。**

腕も脱力して、上半身を自然に前傾させます。そのためには、ハンドルに体重がかからず、重心がうまくサドルに乗るように、サドルの前後位置を調整してください。

ただし、これは通常走行の場合です。お伝えしたように、私は基本的にLSDはやりません。もう少し上の強度で走ります。**LSDのように低い強度で走ると、腕に少し力が入って、突っ張る形になります。**強度が高ければ、ペダルを踏む力も強くなりますから、その反作用で上半身を持ち上げる力が働きます。

LSDなど低い強度では、腕で上半身を支える必要がある

ブラケットに手を置き、上半身の力を抜く

※18

どのメーカーも、ブラケットの付け根部分は握りやすい形状に加工してある

しかし、LSDではペダルを踏む力が弱いため、手で上半身を支えなければなりません。よくある、「ハンドルを引くか／押すか」の議論※19は、強度を見落としているからややこしくなるのではないでしょうか。これは、速度によって変わる問題です。

肘は力を抜きますが、脇を締めるように意識して空気抵抗を減らします。空気抵抗というと前傾に意識がいきますが、重要なのは前方投影面積を減らすことです。いくら前傾しても、肘が脇に出ていたら意味がありません。後ろから見て、肘が体に隠れるのが理想ですね。

でも、このフォームは練習の時だけなんです。レースでは、私は基本的にドロップ部分（下ハン）を持ちます。空気抵抗？ 違います。**前傾の度合いは、ブラケットを持ってもドロップ部分を持っても、実はあまり変わりま**

前後から見た際に、できるだけコンパクトになるよう心がける

ブラケットを包み込むように手を置く

※19
ハンドルを手で押すことで上半身を支えるフォームや、逆にハンドルを引きつけることで上体を安定させるフォームなどがある

せん。ドロップ部分を持つのは、落車に巻き込まれそうな場合に、すぐにブレーキをかけるためです。落車は避けたいですからね。あと、ダウンヒルでもドロップ部分を持ちます※20。

極意

ブラケットにそっと手を置くのが、平地での基本フォームです。腕の力を抜きつつ、脇を締めてください。ただし、LSDのときは腕を突っ張ることになります。これはしょうがないですね。

上りでのフォーム

上りこそ、上半身の脱力が重要です。やたらと力んでいる人、多いですよ。

速度が落ちて空気抵抗が減るので、呼吸※21が楽になるよう上半身を起こして走りましょう。でも、平地と同じで、ハンドルを押した

ハンドルに軽く手を置く

※20
ドロップ部分を持ったほうが、より強い力でブレーキレバーを引くことができる

※21
上体が前傾すると、上半身が圧迫されて呼吸がしづらくなる

り引いたりしてはダメです。**手はハンドルに置くだけ。これを忘れないでください。**

手を置く場所は、自分のいちばん楽なところにしましょう。それは人によって違います。私の場合は、どういうわけか、ハンドルの中央に置くと楽なんですね。だから、ずっとそのフォームで走っています。

また、重心の調整も重要です。サドルの位置調整ですね※22。坂を上っているときに、重心がしっかりとバイクの中心に無いと、手で体を支えざるを得ず、上半身に無駄な力が入っています。そうならないよう、平地だけでなく、上りも走りながらサドルポジションを出す必要があります。

しかし、傾斜が変わった時には、どうしても重心の位置が変わってしまいます。傾斜がきつくなればなるほど、重心の位置が後ろに下がるわけです。

勾配がきつくなった場合は、上半身を前傾させてバランスをとる

※22
サドルを引くと重心も後ろに下がり、サドルを前に出すと重心は前に移動する

すると、上半身がハンドルから離れようとしますから、それを防ぐためにハンドルを引く人がいます。これでは、余計な力を使ってしまうことになります。**このような場合は、上半身の角度を変えましょう。**上半身を前傾させれば、重心は前に移動するので、上半身の力を使わずに勾配の変化に対応できるようになります。苦しくなる上りは、どうしても力みがちです。しかし、上りでこそ、余計な力を使わずにすむよう、脱力・リラックスが重要です。

このように、リラックスしたフォームのまま、変化を最小限に留めて、頂上までがんばりましょう。それがいちばん効率がよいフォームであり、いちばん速いフォームでもあります。

上りでは立ちこぎ、つまりダンシングを織り交ぜることをすすめる方もいますが、私の場合はずっとシッティングで上る方が楽ですね。ダンシングをすると、疲れちゃうんですよ。

極意

上りでも、上半身の力をしっかり抜いて走りましょう。勾配が変化すると、腕に力が入りがちですが、それはNG。上体の角度を変えて重心を調整すれば、ハンドルを引っ張る必要はないはずですよ。

ペダリングに悩んだら、ランニングしてみよう

ペダリングについてもフォームと同じで、難しく考える必要はないと思います。自分にとって楽なケイデンス[※23]で、一定のペダリングを淡々と続けることが重要です。ポイントは、こまめなギアチェンジです。コースの勾配の変化に合わせて細かくギアを変え、一定のケイデンスを維持します。「変化を最小限に」という原則はここでも生きているのです。

とはいえ、高回転型と低回転型の人がいるのも事実で、どちらが自分に適しているのかを見分けるのは簡単ではありません。筋肉の性質や付き方など、個人差が大きい複雑な要素によって、最適なペダリングは変わってきます。考えて分かるものではないでしょう。

そんなときは軽くランニングでもしてみましょう。いえ、息抜きじゃないんです。実はランニングにも「ケイデンス」があるんですよ。

ランナーの走り方は、狭い歩幅で高回転で走る「ピッチ走法」と歩幅が大きい「ストライド走法」の2つに大別できます。 これは、生まれ持った筋肉の性質などで決まります[※24]。

お気づきの通り、この2つの走り方をロードバイクにたとえると、前者は高回

※23
プロでも、ケイデンスの
個人差は大きい

※24
日本人にはピッチ走法
が多いとされる

転型、後者は低回転型[※25]です。もちろん、ランニングとロードバイクは別物ですが、参考にはなるはずです。ちなみに私の場合、ランニングはストライド走法で、ペダリングはトルク型の低ケイデンス。両者に関係があるのが分かりますね。ペダリングに悩んでしまったら、軽くランニングをして、どちらの走り方が自分に向いているかを確認してみましょう。

極意

人の体は一人一人異なりますから、ケイデンスに正解はありません。自分の体をよく観察するために、ランニングなど他のスポーツを試してみるのもいいかもしれませんよ。

※25
平地で100回転を超えるケイデンスを常用できるならば高回転型といえる。70～80回転ならば、低回転型

4章

ヒルクライムのコツ、教えます

イーブンペースがヒルクライムの基本
心拍数の積算を最大にする

変化が最大の敵

ヒルクライムの最大のポイントは、できるだけ変化を避けることなんです。心拍数の変化、フォームの変化、ケイデンスの変化……それらはすべて遅くなる原因です。急激な疲労につながるからです。

ヒルクライムでいいタイムを出せるのは、コース全体を通した「パフォーマンスの積算」が最も大きくなるときです。

皆さん、序盤にがんばり過ぎなんですね。しかし、いくら序盤を高いパフォーマンスで走っても、オーバーペースに陥ると後半のパフォーマンスががくんと落ちてしまいます。その結果、全体を通しての「パフォーマンスの積算」が小さくなります。それよりは、序盤を抑えめにして淡々と走り、全体としてのパフォーマンスを上げたほうがタイムは短縮されるはずです。

パフォーマンスの指標になるのは、言うまでもなく心拍数です。したがって「パフォーマンスの積算」は「心拍数の積算」と捉えると分かりやすくなります。

心拍数は、一度限界値付近まで上がってしまうと、その後ガクンと落ちてしまいます※1。序盤でがんばりすぎたり、急に勾配がきつくなったところでペースを緩めなかったりすると※2、そういう失敗に陥りがちです。

コースの全体が10㎞あるとしましょ

パフォーマンスの積算イメージ

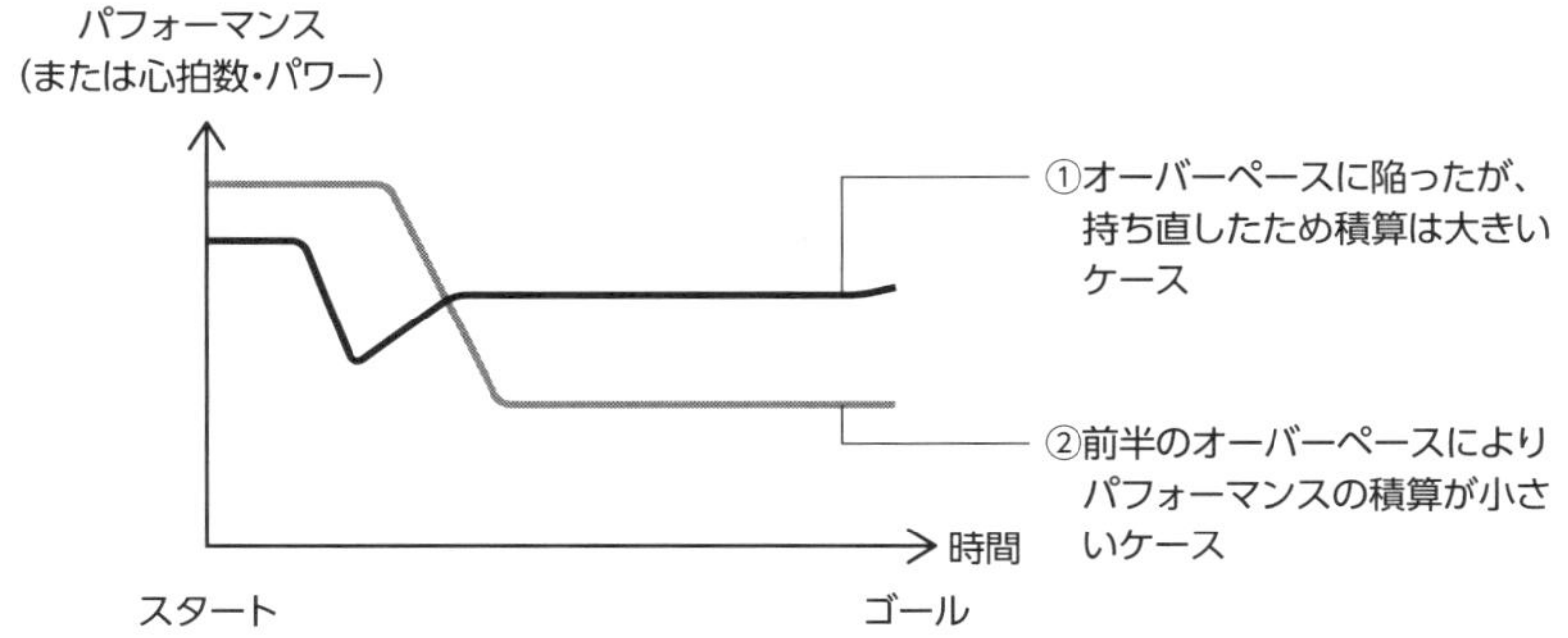

レース全体を通してのパフォーマンスの積算が最大になるよう調整する

※1
限界値≒最大心拍数には個人差があり、年齢によっても変化する。220－年齢が最大心拍数の目安とする説もあるが、実際には個人差が大きい

※2
勾配がきつくなればなるほど、同じ速度を出すために必要なパワーは大きくなる

う。スタート後1kmは無理をして心拍数180拍で必死で走ったけれど、その後の9kmの心拍数を160拍まで落としてしまう場合よりも、10kmをずっと170拍で走ったほうが速いのがヒルクライムです。つまり、イーブンペースの上限で走るのです。

逆に、ゴールが近づいたら急にもがきだす人もいますが、それもおかしい話です。ギリギリの強度で走れていれば、ゴール前で急にペースを上げる余裕はないはずです。つまり、そこまでのペースが遅すぎたと言えます。

イーブンペースを守るためには、ペースの上げ下げなどの変化は禁物です。ロードレースならば避けては通れないペースの変化ですが、**ヒルクライムはロードレースとは別の競技なのです**※3。

イーブンペースを守りつつ走るには、心拍数を目安にするとよいでしょう。個人差がありますが、最大心拍数の90%を超えたら危険水域で、95%までいくと失速寸前です。そういう、「これ以上は急激に消耗するから危険」というゾーンに入らないように注意しながら走るわけです。

しかし、その日のコンディションによって、危険水域、レッドゾーンが変化することは忘れがちです。私の場合、ベストは175拍前後ですが、調子によっては10拍くらい下がります。そのため、機械的に「この心拍数で行く」とは決めずに、コンディションに合わせて心拍数を調整してください。スタート後の5分間

※3
ロードレースの場合、アタックや、他人のアタックへの対応などのために、ペースは激しく上下する

くらいは、当日の調子を見極めるために使うことをおすすめします。果たして今日はどの心拍数で行けるのか、自分の体と対話するわけです。

それから、コースの長さによっても、維持できるペースの上限は変わります。コースが短いほど、維持できる心拍数は上がります[※4]。

このように、体調やコースによって、心拍数の限界値は細かく変わります。しかし、イーブンペースによりパフォーマンスの積算を最大化する、という原則は変わりません。

極意

ヒルクライム全体を通じての「心拍数の積算」が最も大きくなるようにイーブンペースで走るのが、タイムを縮めるコツです。そのためには、変化は極力避ける必要があります。

※4
30分や1時間など、ある程度以上長い時間維持できる心拍数をAT値またはLT値と呼ぶ

ペースを乱さずにゴールまで走り切る

フォームも呼吸も一定で

周囲に惑わされない

ヒルクライムレースでいちばん多いミスは、自分より速い選手や集団に無理についていき、自滅※5してしまうことです。無理しないでも、自分のペースを守っていれば、後半追いつけるかもしれません。くどいようですが、イーブンペースがいちばん速いのです。お伝えしたようにスタート後5分くらいでその日のペースを見極めないといけないわけですが、こればかりはその日にならないと分かりません。不思議なものです。

スタート後、5分くらいかけて心拍数を上げていきます。いきなり全開で走る

※5
オーバーペースに陥り、その後のパフォーマンスを極端に落とすこと

人もいますが、それはおすすめできません。徐々にペースを上げつつ、自分の体と対話してその日の上限を決めましょう。

レースの時に基準となる心拍数を決めておくのがいいかもしれませんね。私の場合、170拍がレース時の心拍数の基準です。170拍を維持できるか、心拍計を注視しながら5分かけて見極めるんです。

ちなみに、練習の時の心拍数はまったくアテにならないので忘れましょう。何度走っても、レースの本番では興奮します。**そのため、練習の時とは比較にならないほど高い心拍数で走れます**※6。逆に言えば、レース時の心拍数を指標にして練習をしてはダメということでもありますね。私がレース時の基準にしている170拍なんて、普段のトレーニングではせいぜい最後の1分。いや、30秒が限界です。ところが、レースだと170拍で1時間近く走れてしまう。「本番」というのは特別なんですよ。

極意

オーバーペースの原因としていちばん多いのは、周囲に惑わされることです。ヒルクライムは自分との戦いですから、自分の調子を確認し、その日のペースを確立することに注力しましょう。

※6
パワーも同様で、レース時にはトレーニング以上のパワーが計測されるケースも多い

呼吸とケイデンスを合わせる

変化を避けなければいけないのはペースだけではありません。フォームも同じです。

まず、ケイデンスは一定にしましょう。勾配は常に変化しますが、それに合わせて細かくギアチェンジをします。急に勾配がきつくなったら、すぐにギアを下げましょう。そうでないと、筋肉に大きな負担がかかってしまいます。逆に、勾配が緩くなったのにギアを重くせず、休んでしまうのはもったいないですね。緩斜面はタイムを稼ぐチャンスですから。

ペースも、フォームも一定のまま、すべてを出し切ってゴールにたどり着くのが理想だ

呼吸は、ケイデンスに合わせて行うと、乱れにくくなります。私の場合、ペダルが1周するのに合わせて吸う／吐くのサイクルを1回行っています。右足を踏み込みつつ息を吸って、左足を踏み込む時に吐く、という感じですね。**ケイデンスが一定ですから、呼吸が乱れる心配もいらないわけです。**

それから、私はサドルに座らずにペダリングする、いわゆるダンシングをしません。これもフォームを変えないためです。途中でダンシングを織り交ぜたほうがよい[※7]という人もいますが、私にとってはマイナスのほうが大きいです。ランナーが走っている途中でフォームを変えることはありえませんから、その影響もあります。

呼吸もケイデンスもフォームも一定。これがヒルクライムのコツです。

極意

ペースの乱れと同じように、フォームが乱れるのも、全体としてのパフォーマンスを低下させます。スタートからゴールまで、極力変化を避けて走ってください。

オーバーペースへの対処法

オーバーペースとは、体の調子を、ペースが上回っている状態を指します。私の場合だと、通常のレースなら維持できる170拍を維持できないときは、オー

※7
ダンシングをすると、心肺機能への負担は大きくなるが、使われる筋肉がシッティング時とは変わるため、筋肉を休ませる効果があるという意見もある

バーペースですね※8。

これだけ注意している私でも、いまだにオーバーペースになってしまうことがあります。そんなとき、どう対応すべきでしょうか?

いちばん大切なことは、諦めないことです。どうやら、今日はいつものレースペースを維持できないらしい、と気がついた瞬間に諦めてしまう人が少なくないのですが、それでは次につながりません。せっかくのレースですから、被害を最小限に抑えて、最後までがんばりましょうよ。

オーバーペースに気づいたら、まずはペースを下げます。**コツは、大胆にペースを下げることです。**これは簡単なようでとても難しい作業です。タイムを失いそうで怖いですからね。でも、心拍数を理想の数値から20拍は下げてください。

私の場合、ベストが175拍前後ですから、150拍台までは下げます。

その後、体と相談しつつ再びじわっと上げていきましょう。慌ててはいけません。ライバルが多少前へ行ってしまっても、気にしない、気にしない。どうせみんな苦しいんです。いずれ追いつけるかもしれません。

体と対話した結果、やっぱり元の心拍数でいけるじゃん! となることも少なくありません。人体って不思議ですね。しかし、最後まで全力を出し切れば、意外といいタイムが出るものです。諦めずに、落ち着いてがんばりましょう。

※8

心肺機能が鍛えられていないアマチュアの場合、極端に高い心拍数がオーバーペースを意味する場合も多い

極意

ヒルクライムでいちばん恐れなければいけないオーバーペース。しかし、オーバーペースに陥っても諦める必要はありません。大胆にペースを落とし、もう一度上げていけばいいのです。

ランニングから学んだこと

繰り返してきたように、私の走り方はランニングの方法を応用したものです。少なくとも、私がロードバイクに乗り始めた頃は、トレーニングに関してはランニングのほうが先を行っていましたから、学ぶべき点は多かったんですね。日本のお家芸ですから、本もたくさん出ていました。

ランニングは、イーブンペースがいちばん速くなります。もちろん、さまざまな展開があるロードレースでは、イーブンペースとはいかないでしょう。**しかし、ヒルクライムはランニングに極めて近い競技です。**

ですから、レースの早い段階で適切なペースをつかむことが、とても重要なんです。箱根駅伝などを見ている方は、解説者が「入りの1㎞のペースが○○分で……」と言っているのを聞いたことがあるでしょう。ランニングでは、最初の1kmが最も大切です。ランナーは、そこでその日の調子を確認し、ペースを決定しています[※9]。

ヒルクライムでこの「入りの1km」に相当するのが、初めの5分です。ただ、ロードバイクではタイムがあてにはなりません。だから、タイムの代わりに心拍数を指標にするわけです。

「はじめの5分は、その日の調子を確認するためにある」と言ってしまってもいいでしょう。これはトレーニングでも同じです。いきなり全開で走るのは自殺行為ですよ。

極意

ランニングでは、一定のペースを維持するのが最も重要です。ランニングに近いヒルクライムでも同じことが言えます。したがって、レースの序盤は自分の体を観察し、適切なペースをつかむことに費やすべきです。

※9
ランニングでは、1kmごとにペースを確認、調整する場合が多い

5章

ヒルクライム
トレーニングのポイント

シニアこそトレーニングを楽しもう

年を取ってからが楽しいロードバイク

トレーニングで自分を元気にする

私は今、56歳。還暦の足音が聞こえてくる年頃です。50歳を過ぎてからはパワーも落ちてきていますし※1、毎月3000kmくらいは走っていた30代、40代に比べると、トレーニング量も減りました。

じゃあ、トレーニングに対するモチベーションが落ちたかと言うと、そんなことはありません。むしろ逆で、**これからのほうが楽しめると思っています。**

若い頃みたいな無茶はできないし、エンジンも古くなってきている。そういう、いろいろな制約がある中でトレーニングを重ねて、パフォーマンス低下をできる

※1
一般に、加齢に伴い筋力は低下する。しかし、トレーニングにより維持・増強が可能な場合もある

だけ防ぐ。それが楽しくてしょうがありません。

それに、トレーニングは私を元気にしてくれます。出勤前に100㎞走れば酒もご飯もおいしいし、食べすぎてもカロリー収支は何とかなります[※2]。食いしん坊なのも、運動しているからでしょうね。「若いですね」って言われることが多いのも、自転車のおかげでしょう。

あと、何といってもトレーニングは楽しいです。同じコースでも景色は毎日変わるし、体を動かすから気持ちいい。仕事のストレスも、どこかへ行っちゃいます。シニアの皆さん、トレーニングを楽しみましょうよ。いいことだらけですよ。

極意

制約が多いシニアこそ、トレーニングを楽しめると私は思っています。体にもいいし、メンタルにもプラス。年を理由にして楽しまないのはもったいないですよ。

※2
体重や運動強度にもよるが、100㎞を走ることで消費されるカロリーは2000kcal前後に達する

レースとは別物のトレーニング

トレーニングは、「本番であるレースのために体力をつける行為」と定義できます。**ここで忘れてはいけないのは、トレーニングはレースとは別物だということです。**

トレーニングでは、レースと同様のパフォーマンスは発揮できません。レースは周りの人との競争ですから、モチベーションも上がって興奮するわけです。すると、普段では考えられないような心拍数で走り続けられたりします。脳が苦しみをシャットアウトするんですね。

私の場合、ベストの状態ならば、レース時の心拍数は170拍台をキープできます。でも、毎朝のヒルクライムでは、せいぜい150拍くらいです。170拍に届くとしても、それは最後の1分程度です。つまり、レース時よりも20拍も心拍数が低いわけです。決して手を抜いているわけではありません。気持ちのうえでは全力です。でも、心拍数は全然低い。パワーも出ていないでしょう。

つまり、トレーニングではレースと同じパフォーマンスを発揮するのは不可能なんです。それでも十分効果はあるので、割り切りは必要でしょう。

レース時みたいに心拍数が上がらない、パワーが出ない※3と嘆く必要はありま

※3
心拍計ではなく、パワーメーターを指標にする場合でも、レース時にはトレーニングでは考えにくい出力が記録されることがある

せん。それが自然なんです。それでも、毎日積み重ねることで強くなれます。逆に、もしレース並みの強度のトレーニングを毎日続けたら、オーバートレーニングになりますよ。

極意

トレーニングは、レースとは別物です。トレーニングでレース並みのパフォーマンスを発揮することはできません。それでも、コツコツ継続することで速くなれるんです。トレーニングとレースははっきり区別しましょう。

ただし、全力で

私の場合、トレーニングでは常に、そのシチュエーションで発揮できる上限の強度で走っています※4。たとえば、弥彦山へは片道45㎞くらいありますが、それなりの速度で走ります。特に帰り道は通勤のバスに間に合うよう急ぎますから、心拍数は150拍近くまで上がります。ヒルクライムのトレーニングと変わらない心拍数です。

※4
運動時間が長いほど発揮できる平均強度の上限は下がり、運動時間が短いほど高くなる

だから私は、カロリー消費の目的以外では基本的にＬＳＤをやりません。ダイエットにはいいかもしれませんけど、スピードを出したほうが気持ちいいじゃないですか。

ついでに言うと、これはまねをする必要はないと思いますが、私はウォーミングアップもクールダウンもやりません[※5]。

そんな時間はないんです。プロと違って毎日１１０km、３時間半とトレーニング量が限られているわけですから、せめてその時間内は全力で走りたい。

帰りも、家の真ん前まで全力ですよ。いちばん速度が出るのは、弥彦山の下りを除いたら、家に向かう最後の直線ですね。ハアハアしながらシャワーを浴びて、アミノ酸を飲んで出社です。

もっとも、これはある程度の距離を乗る私の場合です。ローラー台などで短時間高強度のトレーニングをやっている方は、ウォーミングアップ、クールダウンは必要かもしれません。心臓がびっくりしちゃいますからね[※6]。

ちなみに私は、ランナー時代もウォーミングアップとクールダウンはやっていませんでした。だから故障したのかもしれませんね。いや、やらなきゃいけないことは分かっていたんです。でも、やる気にならなかったんです。常に全力で体を動かしていないと気が済まない性格なんです。酒を飲みながらじゃないと風呂に入れないし、仕事中はともかく、イスに座るのも苦手。たぶん私の前世は回遊

※5
体を運動に備えさせるためのウォーミングアップと、血流をよくし、疲労物質を押し流す効果があるとされるクールダウンは、近年のプロの間では一般的になっている

※6
特に寒い時期は、心臓への負担を減らすためのウォーミングアップ・クールダウンが推奨されている

魚だったと思います。

話がそれましたが、**私たち市民レーサーは時間がないんですから、貴重なトレーニング時間にあえて強度を落とす必要はないと思っています。** LSDなんかは、時間がたっぷりあるプロのトレーニングですよ。

「オーバートレーニングにならないの？」と気にする方がいるかもしれませんん。でも、あまり心配いらないと思います。オーバートレーニングになったら、自然と強度を上げられなくなりますから※7。その意味でも、体の声をしっかり聞くことは大事ですね。

極意

時間がないのが、私たち市民レーサーです。だからせめて、少ないトレーニング時間は強度を上げませんか？もしオーバートレーニングになっても、体が強度を上げることを拒んでくれると思いますよ。

※7
具体的には、主観的な疲労のほか、心拍数が上がらなくなるなどの症状が現れる

トレーニングメニューはシンプルがいちばん

難しいことを考えすぎない

3つのトレーニングメニュー

私のトレーニングメニューはシンプルです。平地のファストラン[※8]**、山でのビルドアップ走、固定バイクでのビルドアップ走の3つだけです。**いずれも1人で行うトレーニングです。仲間と走ることはほとんどありません。

「5分走がいい」「いや1分走が重要だ」「インターバル[※9]こそ大切」などと難しく考えすぎて迷子になっている人も多いようです。確かに、強度が激しく変化するロードレースならばインターバルは必要かもしれません。しかし、ヒルクライムのトレーニングメニューはシンプルがいちばん効果的だと思っています。だっ

※8
決められた距離を、できるだけ短いタイムで走り切ることをファストランという

※9
高強度の運動の間に、低強度の運動（不完全休養）を挟み、繰り返すトレーニング。完全な休養を挟む場合は、レペティショントレーニングと呼ぶ

て、その日の体の調子など、気にしなければいけないことは他にたくさんありますから。

忘れてはいけないことが1つだけあります。それは、どうしたらトレーニングが楽しくなるか、気持ちよくなるかを考えることです。楽しくないと長く続きません。続かなければ、どんな効果的なトレーニングメニューだって意味がないですよね※10。

私の場合、ある程度以上の強度で走って、最後には全力を出し切ったほうが達成感があるし、気持ちいいんです。すると、おのずとトレーニングメニューは決まってきます。このトレーニングメニューについては、122ページ以降で紹介します。

極意

トレーニングの内容は、あまり複雑に考えすぎないことが大切です。自分にとって最も気持ちよく、楽しめるメニューを毎日継続するのが、速くなる唯一の方法です。

※10
有酸素運動のトレーニングの効果がはっきり現れるまでには、数カ月は要するとされる

トレーニングの原則はビルドアップ

トレーニングの大原則が「ビルドアップ走[※11]」です。ビルドアップ走とは、だんだんと強度を上げていくことで、トレーニング全体としての強度を高くする走り方のことです。

「できるだけ高い強度で」という点では、平地でのファストランも一緒ですね。**その意味では、私のトレーニングメニューはビルドアップ走だけと言ってもいいかもしれません。決まった時間なり距離なりを、できるだけ高い強度で走り切るだけです。**1つだけ忘れてはいけないのは、強度を尻上がりにすることです。

ビルドアップ走のメリットは、その日の調子とは関係なく、確実に限界まで強度を上げられる点にあります。たとえば、最大心拍数の90％で5分走とか、パワーメーターを使っているなら1時間継続できる最大パワー[※12]で10分走、などという時間を決めたメニューがあるとしましょう。

しかし、調子はその日ごとに違います。特に、メニューが厳しくなるほど、パフォーマンスには差が出るはずです。

調子が悪ければメニューを完遂できませんから、中途半端で終わってしまいますよね。逆に調子がよい日ならば、調子に対して強度が低すぎるため、やっぱり

※11
ランニング用語で、徐々に強度を上げるトレーニングを指す。いっぽう、一定のペースで走るメニューはペース走という

※12
いわゆるFTP（Functional Threshold Power）のこと。１時間継続して発揮できる最大出力の平均値

不完全燃焼です。

でも、ビルドアップ走はだんだんと強度を上げていき、限界になったらやめるメニューですから、調子がよくても悪くても、その日の限界まで出し切ることができるんです[※13]。これはとても大切です。出し切らないと強くなれないし、気持ちよくもないですから。

どこまで強度を上げられるかは、日々変わります。それは、心拍数を見ながら、体とよく対話してください。ビルドアップだけといっても、体の調子は毎日違いますから、メニューは無限にあるとも言えますね。

極意

徐々に強度を上げていく「ビルドアップ走」が、トレーニングの原則です。ビルドアップ走を行うことによって、当日の調子とは関係なく、限界まで追い込むことができるためです。

ビルドアップのイメージ

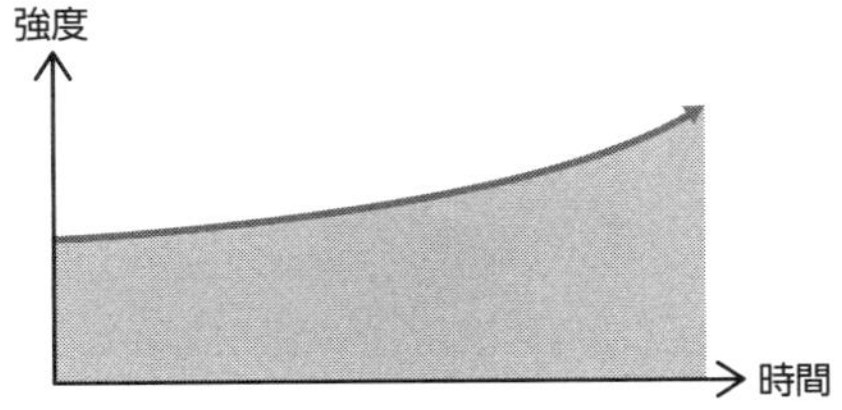

※13
したがって、メニューの継続時間はその日の調子によって変わる

トレーニングメニュー①「平地でのファストラン」

最も基本的なメニュー

力まずに、できるだけ速度を出す

弥彦山までの往復の約90㎞で行うのがこのメニューです。つまり、私がいちばん時間を割いているメニューとも言えますね。

やり方はとってもシンプル。目的地まで、できるだけ早く着くように走るんです。当然LSDではありませんが、出し切ってしまってもダメ[※14]。

力み過ぎずに、できるだけ速度を出しましょう。

上半身を脱力し、空気抵抗を減らすよう心がけつつ走る

※14
いわゆるLSDよりも、高い強度になるのが普通。ただし、極端な長距離のファストランは平均強度が下がるため、LSDに近くなる可能性はある

心拍数は、結果的には上がりますが、**走っている最中はできるだけ楽に、低い心拍数で速度を上げるよう心がけてください。**

ここで重要になるのがフォームです。エアロポジション（93ページ参照）で、空気抵抗を減らして走りましょう。距離を乗り込むうちにフォームも洗練されて、同じパワーでもより速く走れるようになるはずです[※15]。

極意

最も基礎となるメニューが、このファストランです。平地をできるだけ速く走り切ります。フォームに気をつけて、限界に達しない程度にがんばりましょう。

全体をビルドアップ走に

平地でのファストランは、実はビルドアップ走にもなっています。行きの45㎞よりも、帰りの45㎞のほうが速いし、最後の直線は全力です。私の場合、心拍数は120拍前後で始め、最後には150拍、速度にして時速40㎞前後まで上がり

※15
空気抵抗を減らすフォームと、パワーを出しやすいフォームは両立しない場合が多いため、妥協点を見つける必要がある

ます。150拍というと、私の最大心拍数（175拍前後）の85％前後※16です。ヒルクライムの最中の心拍数とあまり変わりませんから、結構な強度です。

私は、平地でのファストランに、126ページから紹介する弥彦山の上りでのビルドアップ走を組み合わせています。つまり、**個々のメニューがビルドアップ走になっているのと同時に、トレーニング全体がビルドアップ走になっているのがポイントなんです。**

繰り返しになりますが、トレーニングは、シンプルがいちばんです。個々のトレーニングを全力で、なおかつ全体をビルドアップ走にすることで、ちゃんとその日の限界まで追い込む。これが効くんですよ。

距離は、私はたまたま90kmですが、50kmでも、200kmでもいいでしょう。トレーニング時間が許す限りの距離を走ります。もし、ヒルクライム以外に目標とするレースがあるならば、そのレースと同じ距離を乗り込むことで、体が長距離へ順応していくはずです。近所に山がない人も、平地でこのメニューをこなすだけで、どんどん強くなるはずです。特に、平地で行われるエンデューロ※17などを狙う人にはぴったりだと思いますよ。

あと、平地と言っても、細かいアップダウンはありますよね。その上りできちんと負荷をかけるのもポイントです。信号によるインターバルもありますし、アップダウンによる負荷の変化もある。したがって結果的には、インターバルや短時

※16
心拍トレーニング用語でいうメディオ（最大心拍数の80％前後）の領域のほぼ上限

※17
周回コースで行われる耐久レース

間・高強度など多様な負荷を体にかけることができ、さまざまなシチュエーションへの対応力が身につくでしょう。多様な状況の中で、できるだけ速く走るというのは、ロードレースに非常に近い走り方です。シンプルながら、かなり効くメニューです。

極意

平地のファストランも、時間をかけたビルドアップ走といえます。ビルドアップ走の概念は、どんなトレーニングをしているときも忘れてはいけません。

トレーニングメニュー②「山でのビルドアップ走」

限界まで追い込むために

上りで徐々に負荷をかけていく

負荷をかけやすいのは、やはり山の上りです[※18]。特に、ヒルクライムレースで入賞を狙うならば、上りでのトレーニングは欠かせません[※19]。

まずは、走っていける範囲に、ある程度の長さがある上りのコースを見つけましょう。自動車や信号が少ないほうがいいですね。

コースは1つだけで大丈夫です。同じ山を何度も上ることで、その日の調子や、自分が強くなっているかをチェックできますから。コースを変えてしまうと、自分の調子を観察しにくくなってしまいます。また、タイム計測のためにス

※18
重力で引かれることで、低速でも大きなパワーを必要とするため

※19
心肺機能や筋力だけではなく、ヒルクライム固有のフォームに慣れる意味もある

タート地点とゴール地点を正確に決めることも忘れないでください。

さて、峠に差しかかったら、タイムを計測しつつ上っていきます[※20]。目標はもちろん、ベストタイムの更新です[※21]。そのためには、本番のレースと同じように、オーバーペースに注意しながら上る必要があります。

心拍数は、意識しなくても徐々に上がっていくはずです。私の場合、入りの1～2分で130拍程度までは上がります。オーバーペースの危険領域に入らないように気をつけてください。

とはいえ、どんなに意気込んでいてもこれはあくまでトレーニングです。レース並みの心拍数は出ないでしょうが、それはそれ。問題ありません。

ゴールが近づいてきたら、全開にします。ちゃんと全力を出し切るのが大切です。ゴール前の1分間は、私の心拍数もレース並みの170拍近くまで上がりま

山でのビルドアップ走

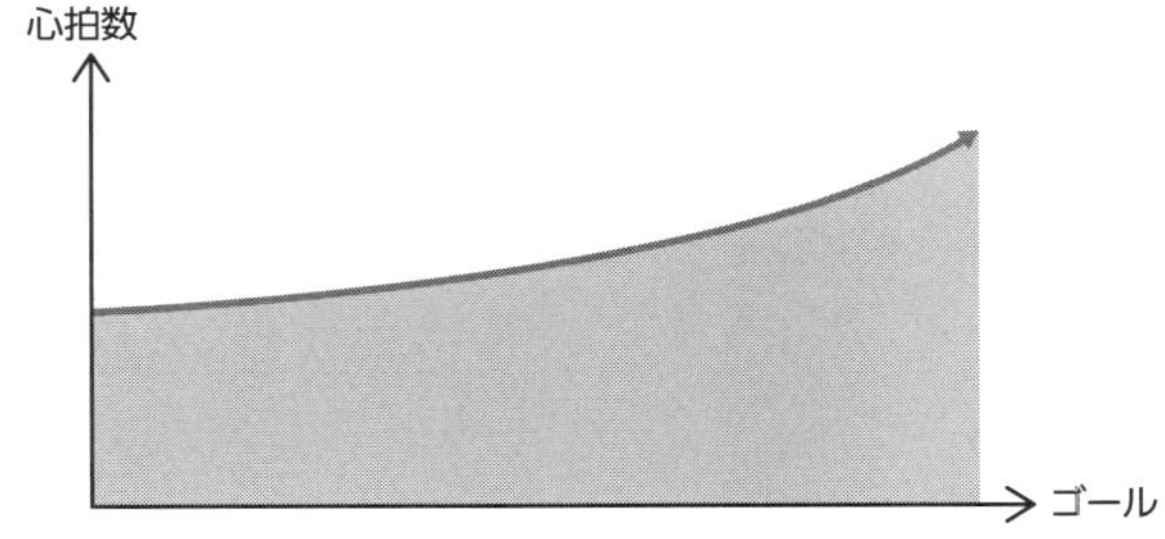

※20 多くのサイクルコンピューターには、タイマー機能が付いている

※21 あくまでもトレーニングのベストタイムなので、レース時のようなパワーは出ていない点に注意

す。さあ、タイムはいかがでしたか？

極意

レースと同様に、ベストタイムを目指して走ります。徐々に心拍数が上がっていくはずですが、オーバーペースには要注意。そして最後は、全力を出し切れるようにしましょう。

調子が悪い日は途中で中止

思うように心拍数が上がらない日が、どうしてもあるはずです。私の場合、年のせいか3日に1回、いや、最近は2日に1回は調子が悪くなります。悲しいですねえ。

たとえば、入りの1～2分で130拍程度まで上げると言いましたが、どうしても心拍数がそこまで上がらない日[※22]、あるいは途中に2カ所のチェックポイントを設けているんですが、そこまでのタイムが極端に遅い日は調子が悪いんです。

そんな日は、引き返してしまいます。負荷をかけて心拍数を上げるために山に

※22
疲労が残っている時の症状

来ているわけです。上がらないなら、山を走る意味がありません。さっさと帰って、翌日に備えましょう。

でも、調子が悪いからといって落ち込む必要はありません。**疲れが残っているのは、前日に良いトレーニングができた証拠です**[※23]。食事や睡眠で回復すればいいんです。

不調が2日続いた場合は、その原因を追究しましょう。風邪か、仕事の疲れか、飲みすぎか。原因を取り除けば、また復活するはずです。

極意

峠のビルドアップ走は、負荷をかけて心拍数を上げるためのメニューです。調子が悪い日は、だらだらと上るよりも、思い切って引き返したほうがいいでしょう。

※23
高強度で追い込むほど、回復には時間がかかるため、翌日まで疲労が残る可能性は高くなる

トレーニングメニュー③「ローラー台でのビルドアップ走」

時間がなくても追い込める

屋内でも強くなる

忙しい市民レーサーの味方が、ローラー台です。天候と関係なく乗れますし、準備も簡単※24。1台は持っておきましょう。今から紹介するビルドアップ走を毎日1時間でも続ければ、みるみるうちに速くなるはずです。ちなみに私は、負荷をワット（W）で調整できるので固定バイクを使っていますが、ローラー台でもまったく問題ありま

後ろから見た固定ローラー台。後輪を挟み込んで固定する

※24
実走のようにウェアをすべて着る必要がなく、補給食やドリンクの用意も最小限で済むため

せん[※25]。

メニューはやはり、ビルドアップ走です。ただし、実走よりも細かく心拍数をコントロールします。

私の場合、初めは実走と同じ110拍くらいにします。

その心拍数で10分ペダルを回したら、負荷を上げるか、ギアを重くするかして、心拍数を5拍上げます。それを10分維持したら、また5拍……というように、**10分ごとに心拍数を5拍ずつ上げていくんです。**すると、1時間後には入りの心拍数＋30拍まで上がっているはずです。140拍で入ったら、170拍です。あとは、どこまでがんばれるか挑戦します。

これは効きますよ。

どれくらい続けるかは、どこまで心拍数を上げられるかによります。調子がいいほど長くなります。私は、最低でも1時間は続けますね。忙しい人は、同じ心拍数を維持する時間を5分にしてもいいかもしれません。

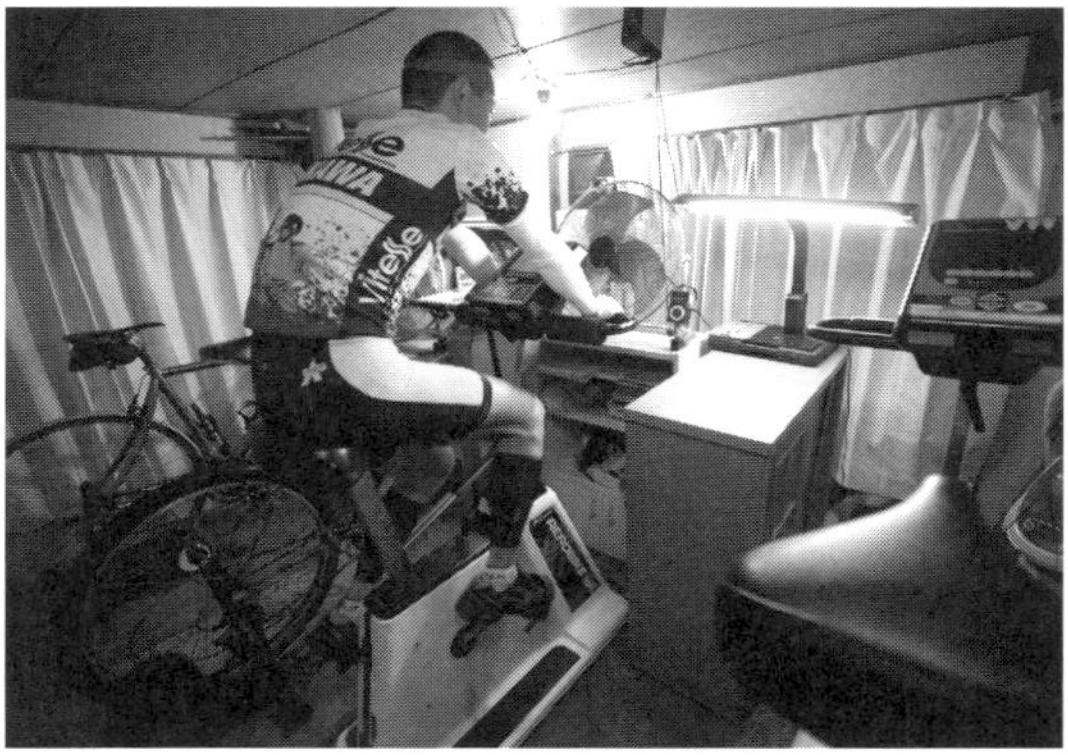

負荷調整機能付きの固定バイク。目の前にあるのは工業用の扇風機

※25
多くの固定ローラー台には負荷調整機能が付いている。ただし、出力は計測できない場合が多い

繰り返しますが、これは効きます。確実にその日の限界まで追い込むことができるわけですから。かなり苦しいですが、あまりトレーニングをしていない人なら、毎日このメニューを繰り返すだけでどんどん強くなるはずです。5分ごとに心拍数を上げれば、1回のトレーニング時間は1時間もかからないでしょう。しかし、継続は力なりです。

なお、扇風機は絶対に必要です。実走と違って走行風のないローラー台の場合、扇風機がないと暑さで体温が上がり過ぎてしまう可能性もあります。私は強力な工業用扇風機※26を使っていますが、これはおすすめです。

汗がフレームやステムに垂れて錆びの原因になることを防ぐために、頭にはバンダナやタオルを巻くといいでしょう。かなりの汗をかきますから、タオルは必須です。

また、固定ローラー台には、タイヤの減りが早いという欠点もあります。ローラー台でのトレーニングがメインになりそうな方は、専用のホイールとタイヤの購入をお勧めします。ホイールは安いものでいいですから、スプロケット、ホイール、タイヤを合わせても2万円はしないでしょう。効果を考えれば安いものです。

ローラー台のトレーニングには、退屈という大敵がいます。飽きずに高いモチベーションでトレーニングするために、目の前にテレビやパソコンを置いて、実際のレースの映像を流すといいかもしれませんよ。

※26
インターネットなどでは3〜4万円で販売されている

ローラー台でのビルドアップ走

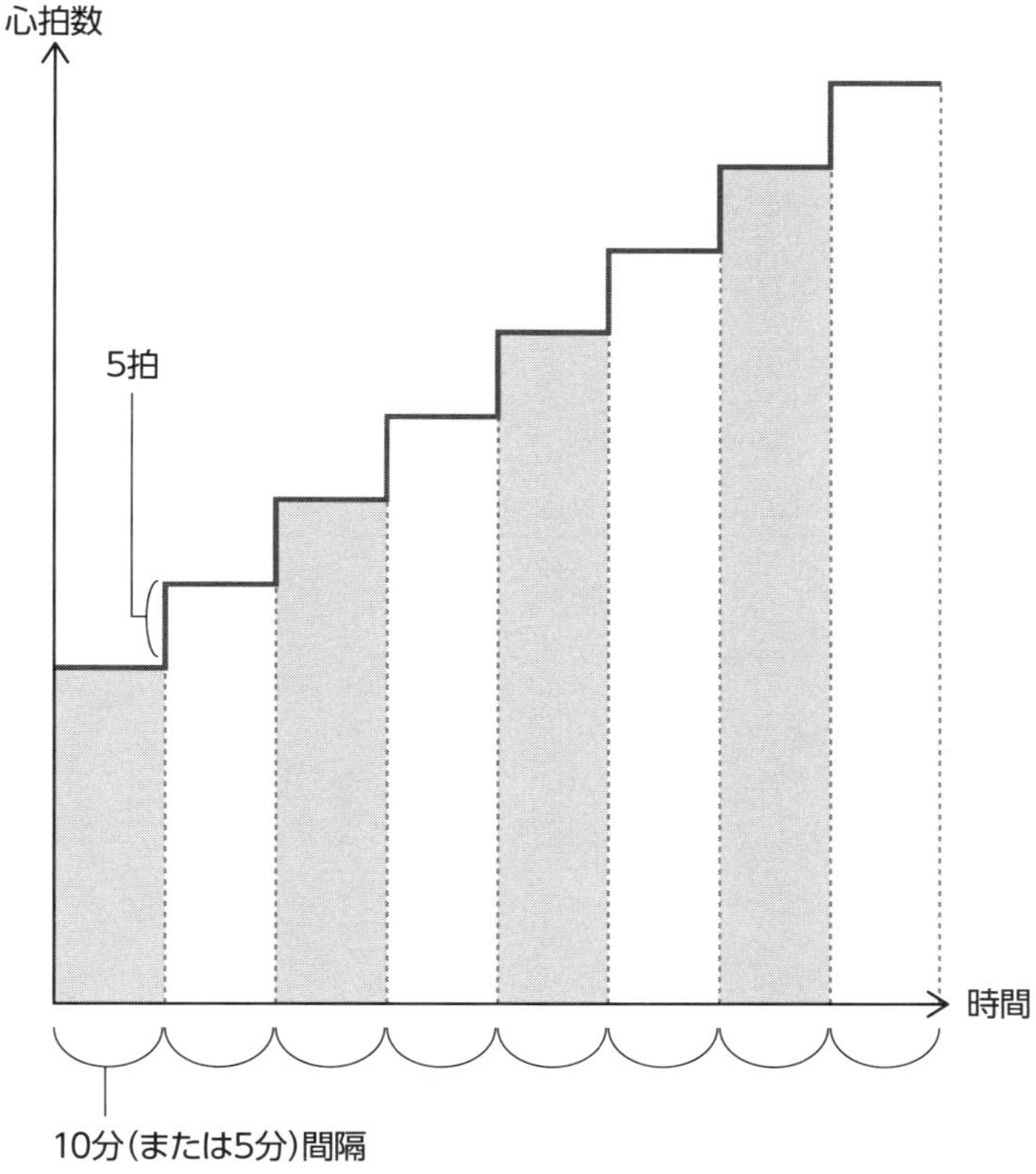

一定間隔で心拍数を上げていくことで、その日のコンディションに関わらず
限界まで追い込むことができる

ちなみに、食いしん坊の私の場合、ビルドアップ走だけでは消費カロリーが足りませんから、LSDも平日は1時間、週末は2～3時間くらいやっています※27。自転車を始めた時に買ったMTBにスリックタイヤを履かせたものを固定ローラー台にセットしてあるんですが、それに乗って単に足を回すだけです。

極意

室内トレーニング用のローラー台。5分あるいは10分ごとに心拍数を上げるビルドアップ走で、忙しい人でも短時間で効率的なトレーニングができます。

※27
平均的な身長・体重の日本人男性の場合、1時間のLSDで300～400kcalを消費する

6章

いつまでも走り続ける

トレーニングを長続きさせる秘訣は？

がんばりすぎても、しょうがない

継続は力なり

33歳でロードバイクを始めてから23年間。風邪でひどい熱が出たとか、よほどの用事が入った日を除いて、毎日のトレーニングを欠かしたことはありません。距離も、最近は短くなったけど、それでも毎朝１００㎞前後は走ります。

「どうしてそんなにがんばれるんですか？」という質問を、よくされます。でも、私はがんばっているという自覚はありません。**むしろ逆で、がんばらないのが長続きのポイントだと思っています。**

よく、ギリギリまでトレーニングをがんばってる人がいるでしょう※1。目をつ

※1
実業団レースなどに参戦するためにトレーニングに打ち込む市民レーサーも多い

り上げて、睡眠時間を削って……。それは立派だと思いますよ。立派ですけど、果たしてそんな生活が続くかなあ。

ロードバイクのトレーニングの効果は、一朝一夕じゃ出ません。**年単位での継続が必要です。**ギリギリまで追い込んでトレーニングをしたら、確かにその時期は強くなるかもしれません。でも、長くは続かないんじゃないでしょうか※2。

それに、私たちはプロではなく、ロードバイクはあくまで趣味です。楽しむはずのロードバイクでストレスを抱えてしまっては本末転倒だと思うんです。もちろん、トレーニングの最中は苦しいこともあります。でも、終わったらすっきりして「さあ、明日からまた仕事をがんばろう」と思えるのが趣味じゃないですか。少なくとも私は、全然ギリギリじゃありません。毎日酒は飲むし、タバコも吸う。節制なんて考えたこともないし、夜は絶対に6時間以上寝る。**だからこそ、続いているんです。**

無理しないほうがいいのは分かった。でも、じゃあどのくらいまでがんばればいいのか、という問題は残ります。

それは、やってみれば分かると思います。体力も生活パターンも人それぞれだから、個人差はあるでしょう。多少無理をしても、強くなる喜びのほうが勝るならば、それもいいかもしれません。そのあたりは、ご自身の体と心と相談してもらうしかないですよね。だらけすぎて弱くなってしまう人もいれば、逆に、自分

※2
オーバートレーニングのリスクのほかに、ストレスでトレーニングが続かなくなる恐れもある

を追い込みすぎて体を壊してしまう人もいる。いちばん重要なのは、自分がどういうタイプの人間か、どこまで「無理なくがんばれる」のかを見極めることでしょう。

ダイエットを例に挙げてみましょうか。最終的に収支カロリーがマイナスになればいいわけですから、食事を減らしてもいいし、運動を増やしてもいい。2通りあるわけです。でも、私のような食いしん坊が食事を減らしても、いつかリバウンドが起こるでしょう。それならば、たくさん食べて、同時に運動量を増やしたほうがいい。そういう、自分のタイプを踏まえ

継続できる程度の余裕を持った毎日を送ることが重要だ

た判断が必要です。

このへんの加減は、若い人よりも中高年のほうが得意だと思います。若い人は突っ走りがちですから[※3]。オジサンやオバサンは、人生経験が豊富。**だから、ロードバイクは中高年にも向いてるんですよ。**というわけで、以降では、無理せず上手にがんばる方法を紹介しましょう。

極意

ロードバイクのトレーニングは、長続きがいちばん重要です。そのためには、無理をしないことと、継続させるための工夫をすること。がんばりすぎは禁物です。

※3
プロの世界でも、30代前半に最盛期を迎える選手が多い

家庭と仕事が最優先最後がロードバイク

奥さんは大事にしよう

家庭と仕事とロードバイク

私にとっては、家庭※4と仕事が最優先。最後に来るのが趣味、すなわち、酒とロードバイクです。

ま、誰でもそうでしょう。表向きは。それらをうまく塩梅しないといけないのが、市民レーサーです。

まずは家庭。奥さんとはケンカしてて、子どもは子どもでグレているなんて状況だったら、トレーニングどころではありません。好きなことをやらしてもらっているんだから、奥さんには感謝しないといけないですよ。

※4
一男一女の父親でもある

私は20代の頃、ランニングに打ち込みすぎて、レースの重要度が上がっちゃった時期があったんです。「俺はもっと上に行くんだ」って意気込んでいたんですね。今思うと、奥さんには申し訳なかったなあ。

でも、不思議なことに、その時期はトレーニング量は増えたけど、結果は全然でした。

やっぱり、それじゃダメなんですよ。**奥さんでも子どもでも、「行ってらっしゃい」って送り出してくれて、「どうだった？」って迎えてくれる人がいないと、励みにならないし、続かないってことが分かったんです。**

中高年は有利かもしれないですね。家族がモチベーションになりますから。家庭持ちのだから、私はレース結果は必ず奥さんに報告するし、奥さんも気にしてくれます。レースの賞品として地域の農産物[※5]を持ち帰ると、喜んでくれます。その夜は、その野菜で晩酌ですよ。

奥さんにとっても、旦那さんがスポーツに打ち込んでくれるのは悪いことじゃないでしょう。普通の男がぶくぶく太っていく時期に、スマートな体型を維持する旦那を自慢できるし、四六時中ロードバイクのことばっかり考えてるから、浮気する心配もありません。

夫婦円満。これが速くなる秘訣かもしれないですね。

しかし、1つだけ家庭持ちには不利な点があります。それは、お金。

※5
入賞者への賞品として、その地域の名物が用意されるレースも多い

子どもを育てるのにはお金がかかります。ロードバイク以上に。でも、冒頭で言ったように、ロードバイクよりも上位に来るのが家庭です。親としては、多少お金がかかってもいい教育を受けさせたいじゃないですか。

だから、子どもが大学を出るまでは、どうしてもロードバイクにかけられるお金は限られます。だから、ハイエンドのフレームが欲しいけれど、今のフレームをもう少し使い続けよう。最高級の、ものすごく軽いホイールを装着したいけれど、ひとつ下のモデルで我慢しよう。そういうことはよくあります。でも大丈夫。お子さんがまだ小さい30代、40代の方なら、脚力でカバーできますよ。レースに行くにしても、高い高速道路を避けて、時間をかけて一般道で行ったりもしました。

いいんです。それが、市民レーサーなんです。それも楽しみの1つですよ。やがてお子さんは独立するでしょう。好きな機材を買えるようになるのはそれからです。その頃には、50代、60代になっているかもしれません。**脚力は衰えているでしょう。でも、ありがたいことに、ヒルクライムは機材スポーツ**※6**でもあるんです。だから、若い頃には買えなかった、高級機材でカバーすればいいんですよ。**

私は、世のお父さん、お母さんに、声を大にして言いたいのです。「**お子さんが独立するまではトレーニングを続けましょう**」と。子どもが独立して、好きに機

※6
肉体的パフォーマンスだけではなく、機材も結果に影響する競技のこと

材にお金をかけられるようになった時こそ、市民レーサーとしての第二の出発点です。

シニアになってからなんですよ、ロードバイクを本当に楽しめるのは。一番ロードバイクを楽しめる時期に、年齢を理由に乗らなくなるなんて、もったいないと思いませんか？

極意

子どもを育てるには、時間もお金もかかります。でも、それが市民レーサーなんです。最高の機材を買うのは、子どもが独立した後でもいいでしょう。ロードバイクがすべてではありませんから。

家庭、仕事、趣味のバランス

ロードバイクはあくまで趣味ですから、仕事に迷惑をかけるつもりはまったくないですし、実際にかけていません。**むしろ、プラスになっているはずです。**それが本来の姿でしょう。

朝110km走れると、元気ハツラツで仕事に臨めます。血の巡りがよくなる※7からかな？　前夜の酒も、汗と一緒に出ていきます※8。

それからもちろん、ロードバイクはストレス発散にもなります※9。これも重要。仕事のイライラを家族や部下にぶつけちゃいけません。ロードバイクに乗って、山に行けばいいんです。

根性と体力が付くのも、仕事にはプラスでしょう。仕事で苦しい局面をむかえても、ヒルクライムで苦しんでいる時を思えばどうってことありません。ロードバイクに乗っているおかげで、周囲の同世代よりも体力面で有利な自覚はありますね。

そして最後が趣味。趣味は人生を豊かにしてくれます。といっても私の場合、趣味はロードバイクだけではありません。酒がありますから。

酒を飲んで速くなることはありません※10。でも、人生は楽しむためにあるんですから、酒という楽しみを犠牲にしてまでロードバイクに乗ってもしょうがないと思うんですよ。

家庭、仕事とレース活動の両立は可能だ

※7
一般に、運動はメンタルの状態を良くするとされている

※8
アルコールのほとんどは肝臓で分解されるが、汗として排出されるものもある

※9
運動、特に有酸素運動のメンタルへの好影響は広く認められている

仕事がない週末も平日と同じ110kmしか走らないのは、ここ新潟じゃ、試飲会や酒蔵による酒のイベントが開催されることが多いからです[※11]。トレーニングもいいけど、いい酒との出会いはもっと大切なのです。

家庭と、仕事と、趣味。それらがきちんとバランスを保っているからこそ、トレーニングも長続きします。無理をしてそのバランスが崩れてしまうと、どれもうまくいかなくなってしまうと思うんですよ。トレーニング以外をおろそかにして仕事や家庭に問題が発生してしまったら、トレーニングに打ち込めませんから、結果的には弱くなってしまう。余計なストレスも抱え込んでしまうかもしれません。バランスを保つことで、いい循環が生まれるんです。

極意

長続きさせるためには、家庭と仕事とロードバイクのバランスを取ること。無理をしても、続かなくては意味がありません。

※10
アルコールは、肝臓をはじめとする内臓に負担をかけるほか、筋肉に対しても悪影響があると言われる

※11
試飲会は、秋を中心として全国で開かれている。入場料代わりの利き猪口を購入すると、飲み放題になる場合も多い

休むことでこそ速くなる

休養や工夫もトレーニングの一環

トレーニングばかりじゃダメ

人は私に、トレーニング方法ばかり聞いてきます。ですが、不思議と、体の休ませ方について質問してくる人は少ない。

どうしてでしょうか？　**トレーニングは、回復とセットになってはじめて意味を持ちます**※12。トレーニングは確かに重要です。しかし、その後きちんと体を回復させないと意味がありません。

トレーニングというのは、次のようなサイクルになっています。

まず、負荷をかけて体をいじめます。筋トレが分かりやすいですが、負荷をか

※12 トレーニングに回復が追いつかないと、オーバートレーニング状態となる

けた後は筋肉痛などのダメージが残るでしょう。**しかし、休養によって回復すると、筋肉はダメージを受ける前よりも少し強くなっているはずです**[※13]。これがトレーニングの基礎概念ですね。

　ということは、休養なしにトレーニングを続けても意味がないわけです。厳密には、トレーニングと休養がセットになって「トレーニング」といえます。

「そんなの知ってるよ」「当たり前じゃん」という声が聞こえてきそうですが、これができていない人は意外と多いと思います。

極意

トレーニングのサイクルを完結させるには、体の回復までをきっちりと終わらせなければいけません。回復もトレーニングなんです。

トレーニングのサイクル

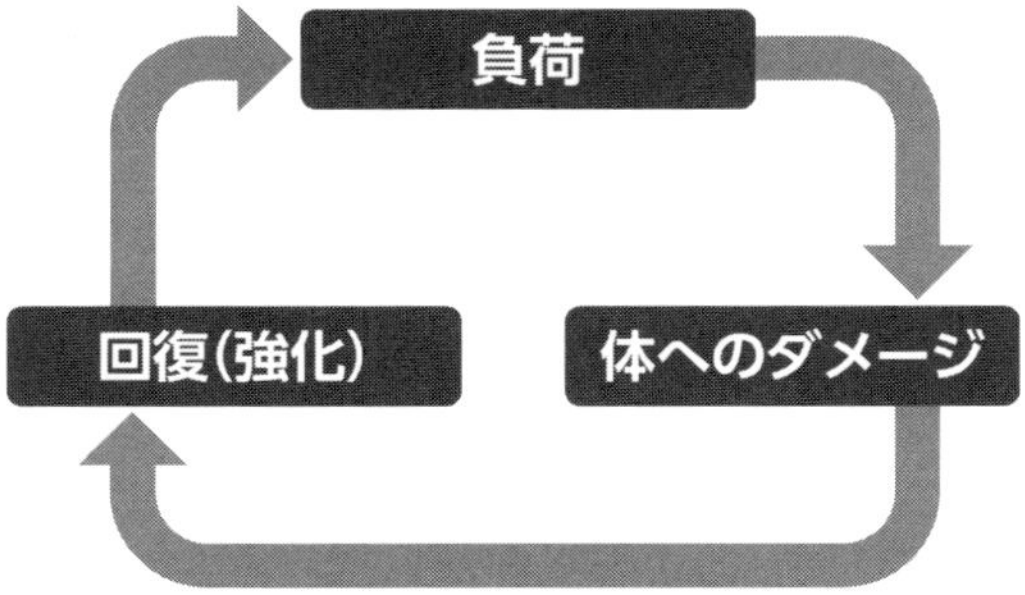

※13
いわゆる、筋肉の「超回復」のこと。破壊前よりも筋力がわずかに増す現象

トレーニングの後にはプロテインかサプリを

トレーニングで筋肉を傷めつけた後、30分以内が、最も成長ホルモンの分泌が盛んになる時間帯だと昔から言われています。そのタイミングでプロテインやアミノ酸を飲むのは、ランニングの世界で、瀬利彦古さん※14や宗兄弟※15が活躍していた、30年前から常識でした。

今でこそ、ロードバイクの世界でもプロテインやアミノ酸を飲むようになりましたが、私が乗り始めた頃は、その辺が疎かな人も少なくなかった印象です。もったいないですよね。せっかく体を壊したのに、回復させないんじゃ効果が薄れちゃいます。

極意

トレーニングの後には、回復のためにアミノ酸かプロテインを飲みましょう。筋肉を回復させて初めてトレーニングが完結するのです。

※14
1956年生まれの日本を代表するマラソンランナー。戦績は、15戦10勝と驚異的

※15
茂と宗猛。双子の兄弟でランナーとして活躍し、モスクワ五輪、ロサンゼルス五輪の代表に選ばれた

睡眠で回復する

トレーニング後のプロテインやアミノ酸を小さな回復とすると、日々の睡眠は大きな回復です。アミノ酸はしっかり飲んでいても、これを疎かにしている人はすごく多いです。**でも、睡眠で回復しないと、強くはなれませんよ**※16。

個人差はあると思いますが、私の場合、最低でも6時間半は寝ます※17。ベストは、9時〜4時の7時間。±30分くらいなら大して変わりませんが、睡眠時間が6時間半を切ると、パフォーマンスにも影響してきます。

まあ、人間、56年も生きていると、自分にとってベストの睡眠時間はおのずと分かってくるもんです。私はたまたま7時間でしたが、皆さんはどうですか？　自分を観察することは、とても大切ですよ。

ただ、働いていると、どうしても睡眠時間を削らないといけない日もあるでしょう。私もそういうことがありました。

そういうときは、ロードバイクに乗りません。乗っても意味がないと思います。回復できないんですから。睡眠不足ではトレーニングの効果が十分に出ませんよ。

もちろん、そんな時でも無理して乗りたくなる気持ちはよーく分かります。乗

※16
筋肉の回復に必要な成長ホルモンが活発に分泌されるのは睡眠中

※17
7時間程度の睡眠が、最も体に良いとする研究結果もある

れない日が続いたら、今までのトレーニングが無駄になっちゃうんじゃないか……。でも、そんなに仕事が忙しいならしょうがないと割り切りましょう。乗れないと、夜の酒の味が若干落ちますが、それでも十分においしいですから。

何度も言うように、無理しないのが大切です。トレーニングできないことがストレスになるタイプの人は、無理するよりも、無理しないほうが難しいかもしれません。そういう人は、無理しちゃうのも止むなしです。トレーニングという観点では、睡眠時間を削って走っても効果は薄いと思いますが、**ストレスはもっとよくないですからね。**無理が利いて、それが続きそうならば、無理もいいでしょう。ただ、そういう人は多くはないと思いますよ。

さて、それじゃあ具体的に、どうやって安眠するか。実はここにもコツがあります。それは、**下半身に何も身に着けずに寝ることです。**上半身は季節に応じてTシャツなり、パジャマなりを着ればいいと思いますが、下はすっぽんぽん。最初は勇気がいるかもしれないけど、これは効果抜群です。

下半身がポカポカするんですよ。新潟の冬は寒くて、夜は室内も5℃くらいまで下がりますが、この寝方を始めてからは真冬も暖房いらずで、厚手の羽毛布団1枚でOKです。血行が良くなるらしいんです。おそらく、パンツの締め付けがなくなるからだと思います。血の巡りがいいと、筋肉の回復も早いんですよ[※18]。**ロードバイクで疲労するのはおもに下半身ですから、その回復は重要です。**

※18

筋肉からの老廃物は血液に乗って運ばれ、肝臓で処理されるこの睡眠法を知ったきっかけは、20年以上前のテレビ番組です。その後、市川雅敏さんに話したら、**下半身すっぽんぽんはヨーロッパのプロロードレーサーの間でも割と一般的な方法だと言うじゃないですか。**解説者の栗村修さん※19がヨーロッパで走っていた頃、パンツを穿かない相部屋のドイツ人選手と一緒に寝るのが怖かったって話を書いていたけど、あれはそういうことだったんですねえ。僕のやり方は正しかったと確信しました。

ただ、町内会の会報誌でこの寝方を紹介したら、「村山さん、寝てる間に火事になったらどうするの？」って聞かれました。どうすればいいんでしょう。でも、火の用心に気をつけてでも、やる価値はありますよ。これは本当におすすめです。

極意

勇気を出して、下半身に何も着けずに寝てみてください。疲労回復にとても効果があります。ヨーロッパのプロ選手も、やっているみたいですよ。

※19
元プロロードレーサーで、現在はテレビ解説者、宇都宮ブリッツェンテクニカルアドバイザーを務める栗村修氏のこと

湯船につかりましょう

これも血行に関することですが、シャワーよりも湯船につかったほうがいいと思います。

かくいう私も、50歳くらいまでは湯船につからず、シャワーばかりでした。湯船につかるのが嫌いなわけじゃなくて、時間がもったいないからです。一刻も早く酒にありつきたいのに、ゆっくり湯船につかるなんて苦行ですよ。

ところが、その頃から腰痛に悩まされるようになっちゃいました。で、人に聞くと、やっぱり湯船につかるのがいいらしいんですね※20。それで我慢して10分くらい湯船につかるようにしたら、腰痛改善はもちろん、**トレーニングの疲れも取れるじゃないですか。**シャワーだけのときとは、明らかに違うのです。

先ほどお伝えしたすっぽんぽん睡眠法と一緒で、血行改善の効果なんでしょう。考えてみると、プロ選手がマッサージャーを雇うのも、マッサージをして血行を良くし、疲労物質を押し流すためですからね※21。

それでも、晩酌を目前にして湯船で10分間もじっとしているのは生殺しなんですよ。酒飲みにはつらいんです。ここで私は気づきました。風呂場で酒を飲んじゃいけないなんて決まりはどこにもないと。酒を持ち込んで、飲みながらゆっくり

※20
慢性的な腰痛や肩こりには、入浴が効果があるといわれる。いっぽうで、急性の痛みは冷やす必要がある場合も多いため、注意が必要

※21
筋肉中の疲労物質を血管へと押し流し、最終的に肝臓などで処理させる

つかればいいわけです。それからは、酒のセットと一緒に風呂に入るようになりました。

風呂場での酒のアテは、最初はスルメなどの乾きものでしたが、そのうちエスカレートして、普通にカボチャの煮つけとかを持って入るようになりました。ただ、酔っ払って湯船に落とすと、「お父さん、まさかお風呂で落としたんじゃないでしょうね……」って奥さんに怒られるんですよね。当然ですけど。

私のまねをする人はいないでしょうが、念のために言っておきますと、入浴しながらの飲酒は血圧を上げますから、やめましょう※22。体にいいのは湯船につかることであって、飲酒ではありません。これも当たり前ですけど。

極意

走った後は、シャワーではなく湯船につかりましょう。これも血流を良くして、肉体を回復させるためです。当たり前ですが、お風呂場での飲酒はおすすめしません。

※22
入浴や飲酒が血圧を上げるいっぽうで、寒い洗面所は血圧を急激に下げる場合がある。この寒暖の差は、脳卒中や心筋梗塞につながるリスクもあるので、避けたほうがよい

朝型か、夜型か

朝、会社に行く前に練習するか、帰ってきてから練習するか、という問題もありますね。夜練を重ねて強くなった人もいるので、必ずしも朝が正解というわけではありません。ローラー台なんかの屋内トレーニングなら夜でも問題なくできるし、起きたばかりよりも、体が目覚めている夜のほうがパワーは出ます。

でも、会社から帰って、さあ練習しようっていう気持ちになりますか？ 私はなりません。気持ちはもう、酒に向いています。

それもあって、私はずっと9時消灯、4時起床という朝方の生活です[※23]。お天道様と一緒に生活するほうが気持ちいいですから。まあ、朝型・夜型どちらも試してみてから、合うほうを選べばいいんじゃないでしょうか。

極意

朝よりも夜のほうがパワーは出ますが、気分が乗らないということで、私は朝がメインです。皆さん朝型？　夜型？

※23

朝方生活には、睡眠中のホルモンの分泌が活発になる深夜2時前後には確実に寝ていられるというメリットもある

目覚めのコーヒーは三文の得

お酒を楽しんでぐっすり寝たら、あっという間に朝。さあ、トレーニングですよ。

でもその前に、パンツを穿いたらまず、コーヒーを1杯飲むことをおすすめします。普段、朝ごはんは食べない私ですが、コーヒーだけは毎日欠かさず飲むんです。

理由は3つ。

まず、目が覚める。カフェインの効果ですよね。シャッキリして、気合が入ります。前日の酒が多少残っていても、飛んでいきます※24。

第二に、お通じがよくなる。これは意外と知られていないみたいですが、コーヒーには腸の働きを良くする作用があります。せっかくロードバイクを軽量化したのに、余計なウエイトを抱えてヒルクライムなんて嫌じゃないですか。ちゃんと体も軽量化をしてから家を出ましょう。

第三に、脂肪燃焼効果。カフェインには、脂肪を燃やす効果があります※25。どうせ走るなら、いっぱいカロリーを消費できたほうがいいでしょう。

この3つのメリットがあるので、毎朝コーヒーを飲んでいます。普段はホット

※24
カフェインには、アルコールの分解作用もある

※25
カフェインには、体脂肪を運動のエネルギーとして使うよう働きかける効果がある

ですが、夏場は水出し。暑い夏に飲む水出しコーヒーもいいものですよ。

極意

目が覚めて、お通じが良くなり、脂肪が燃える。いろいろな効果がある朝のコーヒーはおすすめです。ちなみに、夏場は水出しのアイスコーヒーを飲んでいます。

昼寝で夜までフレッシュ

1章で述べたように、デュアスロンを熱心にやっていた30代の頃は、昼休みにランニングをやっていました。ランパートも重要なデュアスロンのレースに出るのに、自転車のトレーニングだけってわけにはいきませんからね。昼休みは1時間。10kmを40分弱のタイム※26で走ります。残りの15分でシャワーを浴びて、おにぎりをパクつき、午後の仕事に向かいます。時間との戦いだけど、なんとかなりましたね。

ただ、朝に自転車で100km走ってから仕事をして、さらに昼にランニング10km

※26
10km40分は、市民ランナーとしては上級者レベルのタイム

という生活だと、仕事が終わる頃にはかなり疲れています。そこで、デュアスロンを辞めて自転車に集中し始めた頃から、ランニングの代わりに昼寝をするようになったのです。

デスクでお弁当を食べたら、腰を痛めないようイスの背もたれと腰の間に寝袋を丸めたものを挟んで、仰向けになる。目には、まぶしくないようタオルをそっとかける。これで30分間熟睡ですよ。

昼寝の効果はすごいですよ※27。午後も眠気とは無縁だし、夕方になってもやる気がそのまま持続します。たまに、仕事が立て込んで昼寝できない日もありますが、そういう日の午後は若干つらくなるので、昼寝の効果がよく分かります。

栄養や睡眠をしっかりとること、湯船につかること、昼寝をすること。**こういう工夫が、年単位でのパフォーマンス維持に役立っている気がします。**休養をとらずに無理をしても、長続きはしません。無理をしない。これが大原則です。

極意

トレーニング後のプロテインやアミノ酸、日々の食事、そして睡眠。体をしっかりと休めることで、年を重ねても、長期的にパフォーマンスを維持できるんです。

※27
昼寝には、眠気防止以外にも心身の疲労回復などの効果があるとされる。ただし、30分未満程度の短い睡眠がよいといわれる

ご飯とタバコ、そして酒

ストレスはためずに健康に

自分にとってのストレスとは？

私は、ご存じのとおり酒は毎晩飲むし、タバコも吸う。食事も腹いっぱい食べます。

念のため言っておきますが、酒やタバコで速くなることはありません。百害あって一利なし※28。体に悪いことを知ってるのに、どうして酒もタバコも止めないのか。それは、「無理をしない」ということにつながっています。

酒にしてもタバコにしても、やめることはできるはず、たぶん。でも、無理にやめてストレスをためてもしょうがないと思うんです。

※28
いずれも、がんや循環器系の疾患のリスクを上げるなど、体への害は多い

もちろん、健康で長生きしたいから、健康診断を受けたり、これから話すように分量を調整したりはしていいます。ただ、健康のためといって無理にやめて、ストレス満載の人生を送っても面白くないと思うんですよ。

節制具合とストレスが釣り合うポイントは人それぞれでしょう。酒は週に1日で十分だという人もいれば、私みたいに毎日飲みたい人もいます。でも、飲み過ぎは絶対にダメ。**どこが自分にとってちょうどいいポイントなのかを見極めましょう。**

> **極意**
> 酒もタバコも体にいいことはありません。でも、私にとってはどっちも必要なんです。だったら、無理にゼロにはしないで、健康に大きな悪影響がない範囲で楽しもう、という発想です。

食事はバランスを重視

食事は、タンパク質、炭水化物[※29]、野菜、海藻類をバランスよく取るように心

※29
タンパク質は、炭水化物、脂質とともに三大栄養素と呼ばれ、体を作る役割がある。炭水化物はすばやくエネルギーに変わるほか、さまざまな役割を果たす

がけています。量はちょっと、いやかなり多いと思うけど、バランスには自信があります。一時期は、食べるものの栄養分をいちいち食品成分表で調べていたくらいです。

サイクリストにとって重要なのは、やっぱり体の基になるタンパク質です。日々、体を使うわけですから、夕食では肉や魚を３００ｇは食べるようにしています。**私の好きな酒は肝臓に負担をかけますが、その肝臓を回復させるのもタンパク質なんです。**呑兵衛はタンパク質を取りましょう。

村山利男といえば牛肉、というイメージの人も多いかもしれません。確かに私は牛肉が好きです。牛肉を好きになったきっかけは、ランナー時代のことでした。

私がランニングをやっていた70年代後半、有名なランナーといえば瀬古利彦さんでした。瀬古さんは当時から牛肉をよく食べることで知られていたんですね。これは、彼を指導した故・中村清監督※30の方針だと言われています。「血の滴るような牛肉を食べないと強くなれない」

夕食の一例。手前から、牛スネ肉のカレー、海藻の和え物、ホウレンソウと人参の白和え

※30
1931年～1985年。瀬古をはじめ、多くのランナーを育てた名監督

と中村監督は言っていたようです。

牛肉の輸入が自由化※31される前の話ですよ。値段は今の何倍もしました。とてもじゃないですが、我々庶民には手が出ない。悔しかったですねえ。

でも、今は安くなりましたから、週5日くらいは牛肉を食べています。闘争心が燃え上がる気がするし、やっぱり好きですからね。

アスリートとしては、ビタミンB_1が豊富な豚肉や、ヘルシーな鶏の胸肉、魚介類も食べるべきでしょう※32。

昼は、お伝えしたように大き目のおにぎり1つと納豆だけ。間食もなし。コーヒーをブラックで飲むくらいです。

極意

食事に関してはバランスよく食べることが大切です。タンパク質を中心に、炭水化物、野菜、海藻をしっかり食べてください。

※31
1991年4月から、輸入の自由化によって外国産の安価な牛肉が出回るようになった

※32
いずれもタンパク質を主とした食材だが、それ以外に含まれる栄養素には違いがある

脂質には要注意！

何を食べる時でも、脂質には注意しましょう。脂肪は**カロリーが高く、肝臓にも負担をかけます**※33。

たとえば、バラ肉（カルビ）やサーロインみたいに脂身が多い箇所は、100g当たり500kcal前後もありますが、脂身が少ない、真っ赤なロースやランプは、同じ量でもカロリーは半分以下です。つまり倍食べてもカロリーは一緒なんです。しかも、脂身が少ない分タンパク質が多く、値段も安い。あなたはどちらを選びますか？　私は後者です。

体に良いと言われている魚の脂※34も、高カロリーであることには変わりありません。脂の乗ったブリやサンマもおいしいけど、カロリーという観点では問題がありそうです。

細かいところでは、カレーのルーにも相当の脂質が含まれています。だから、私は低脂質のルーを選んでいます。

あと、当然揚げ物もよくありません。このように脂質を避けるだけでも、食べられる量はずいぶん増えるので、量を食べる人は工夫してみてください。

※33
タンパク質や炭水化物は1g当たり4kcalだが、脂肪は9kcalのエネルギーを持つ

※34
不飽和脂肪酸である魚の脂には、いわゆる悪玉コレステロールを下げる効果がある

極意

量当たりのカロリーが非常に多い脂質には注意してください。肉の脂身や揚げ物はもちろん、ドレッシングなどの調味料や、一部のパンなどにも、たくさん脂質が使われています。

緑の野菜と海藻を食べる

野菜といってもいろいろな種類があります。野菜は、色によっておもな栄養素が異なりますから、できるだけ食卓がカラフルになるように心がけましょう。

私が特に意識して食べているのが、ホウレンソウや小松菜といった「緑の野菜」です。これらの野菜は、**サイクリストにとって重要なヘモグロビン**※35**の材料になる鉄分をたくさん含んでいます。**サプリで摂取する方法もありますが、おいしくないし、サプリじゃ酒には合いません。

あと、野菜は意識していても、海藻を食べていない人は多いですよね。海藻には、野菜でもなかなか取れない、カルシウムや亜鉛などのミネラルやビタミンがたっぷり含まれています。低カロリーだし、酒にも合うので、食べない手はない

※35
ヘモグロビンは、酸素を全身に運ぶ役割を持っている

でしょう。

まとめると、タンパク質・炭水化物・野菜・海藻がきちんと並ぶ食卓がいいってことになります。

月曜日	**朝**	コーヒー
	昼	納豆・おにぎり
	夜	カレー・ほうれん草のおひたし・わかめの和え物・ご飯２合
火曜日	**朝**	コーヒー
	昼	納豆・おにぎり
	夜	カツオのたたき・もずくの酢の物・小松菜のおひたし・ご飯２合
水曜日	**朝**	コーヒー
	昼	納豆・おにぎり
	夜	肉じゃが・春菊の白和え・ひじきの和え物・ご飯２合
木曜日	**朝**	コーヒー
	昼	納豆・おにぎり
	夜	モツ煮（脂肪分は落とす）・ほうれん草の和え物・昆布の煮付け・ご飯２合
金曜日	**朝**	コーヒー
	昼	納豆・おにぎり
	夜	タラの煮付け・小松菜のおひたし・わかめの酢の物・ご飯２合
土曜日	**朝**	コーヒー
	昼	レバニラ炒め・無脂肪牛乳
	夜	カレー・小松菜のおひたし・ひじきの和え物・ご飯２合
日曜日	**朝**	コーヒー
	昼	肉野菜炒め・無脂肪牛乳
	夜	タラの煮付け・小松菜の和え物・わかめの和え物・ご飯２合

1週間の食事メニュー

極意

野菜はできるだけ色とりどりになるように心がけてください。そして、海藻も忘れずに食べましょう。ミネラルやビタミンがたっぷり含まれています。

酒！

さて、いよいよ本題のお酒です。なお、ヒルクライムとの関連はまったくありませんので、お酒に興味がない人は読み飛ばしてください。

思えば、昔は、週1日は休肝日※36を作れたんですよ。それが、最近はなくなっちゃいました。よくないですねえ。そのせいか一時期、ほんのちょっとだけ、肝臓の数値が基準をオーバーしちゃったんです。だから今は、月曜日から木曜日に「プチ休肝日」を設けていることはお話ししましたね。健康のためだからしょうがないです。もし、また健康診断で肝臓が疲れているという結果が出たら、もっと控えますよ。

アルコールとは上手につきあう必要がある

※36
飲酒しないことで、肝臓を休める日のこと

さすがの私も、酒で死にたくはありませんから。

1つ確かなことは、やっぱり酒は走った後のほうがおいしいということですねえ。外を走れなかった日の酒はイマイチ。みんな、運動もしないのによく酒を飲めるなあと感心します。

就寝時間の9時が近づいてきたら、シメに炭水化物、ご飯を食べます。シメといっても、梅干しをおかずに2合くらいは食べちゃいますけど……。でも、翌朝また走るんだから、問題ないでしょう。

ちなみに、パスタやパンはほとんど食べません。せっかくおいしい新潟の米があるんだから、食べる必要性を感じませんよ。パンは脂質も多いですしね[※37]。

極意

お酒を飲む人は、肝臓の定期検診は欠かさずに。肝臓は我慢強い「沈黙の臓器」ですから、自覚症状が出てからでは手遅れですよ！

※37

種類によって差はあるが、パンの脂質は100g当たり3g以上含まれている場合が多い。いっぽう、精米は1gを下回るのが一般的

タバコ

私は喫煙者です。タバコは、ニコチン1mgのものを1日1本と決めています。もしかしたら、近々2本になっちゃうかもしれませんが……。

でも、それ以上吸おうとは思いません。体に悪いからです※38。もちろん、1日1本でも悪いだろうけど、そのくらいなら健康面の影響は少ないのではないかと思っています。なお、職場でしか吸いません。

若い方には信じられないかもしれませんが、私が就職したころは、みな、会社のデスクに灰皿を置いて、タバコをスパスパ吸いながら仕事をしていたものです。副流煙を大量に吸った気がしますね。タバコは、心肺能力には悪影響があるし、発がん性もあるし、いいことはまったくありません。

でも、体に悪いのになぜ吸うのか。吸いたいからです。じゃあなぜ、1日1本だけなのか。体に悪いからです。

「1mgのタバコを1本くらいなら吸わなくていいんじゃない？」と言われますが、その1本だけを吸いたいんです。我ながら不思議ですねえ。

自分でも、やめりゃいいのにと思いますよ。健康診断のとき、「喫煙」の欄に「1本／1日」って書くのは恥ずかしいですから。実際、やめることはできます。

※38
タバコには発がん性のほか、有酸素運動能力を低下させる害もある

昔、乗鞍ヒルクライムの前にタバコをやめてみたこともあります。でも、タイムは変わりませんでした。思えば、デュアスロンのカナヤカップでBMWをもらった時も吸っていましたから、1日1本くらいなら関係ないのかな？　ただ、害はあるに決まってるし[※39]、速くなるわけもないので、この本を読んでタバコを吸い始めるなんてまねは絶対にやめましょう。

これも、ストレスを避けて、心のバランスを保つための方法なんです。タバコを吸う必要はありませんが、無理せず、健康に、楽しくいきましょう。

極意

タバコは百害あって一利なし。いいことは全然ありません。

逆説の食事法

お伝えしてきたように、私は食事にとても気を使ってます。なぜかというと、

※39
タバコに関しては、副流煙も含め、微量であっても体への害はあるとされる

自分が節制できないことを知っているからです。お腹いっぱい食べないと気が済まないのです。だから、せめて食事の内容には気を使い、また毎日走ることでカロリーを消費しています。

なんだか、逆説的ですね。**節制できないからこそ、別のところに気を使う。**節制できる人なら、そんなに気を使う必要はないかもしれません。でも、私みたいに節制できない人間が無理に我慢しても、続きませんよ。ストレスまみれになっちゃいます。

だから、その不摂生を、運動するとか、食事内容に気を使うとかで埋め合わせる必要があります。そうやってバランスを取っているから続くのです。

できないものは、できない。ならば、別のできることで埋め合わせましょう。

極意

自分を知って、無理をしないこと。それがストレスを作らないことにつながります。その結果生まれたマイナスは、別のところで埋め合わせをしましょう。

56歳、人生とロードバイクはこれからが楽しい

魂が喜ぶ方針を見つけよう

年齢を、乗り越えない

私に、引退しないのかと聞いてくる人は多いです。

でも、引退なんてしません。というか、そもそもプロデビューしていないんだから[※40]、引退のしようがありません。私は趣味で走っているだけですから。

これからですよ、ロードバイクが面白いのは。

50歳を過ぎて、60歳を過ぎて、老いていく中で、どうやって健康を維持しながら衰えを防ぐか。それが面白いんじゃないですか。これからって時に、引退するはずないですよ。

※40
デュアスロンや、実業団レースでの成績も、すべてアマチュアとしてのもの

何をやっても速くなる30代や40代は、それはそれで面白いですが、年を取った今のほうがトレーニングの達成感はあるし、工夫のしがいもあるってもんでしょう。だから、ロードバイクを本当に楽しめるのは、シニアになってからです。まだまだこれからなんですよ。

私の場合、もともとランニングの下積みがあったとはいえ、ロードバイクのトレーニングを始めたのは33歳。でも、30代はひたすらに伸びました。乗鞍のコースレコード（当時）※41を出したのは40歳の時ですから、40代も全然問題なくパフォーマンスをキープできたことになります。私じゃなくても、30代、40代は市民レーサーがいちばん伸びる時期なんじゃないですか？

個人差はあると思いますが、50歳を過ぎたあたりから、だんだんとパワーが落ちてきます。だから、無駄な肉をつけないとか、休養をしっかりとるとか、工夫をしましょう。

そうすれば、それまでずっとトレーニングを続けてきた人でも、パフォーマンスを維持できるかもしれない。もしかしたら、もっと強くなれるかもしれない。そうなれば、周りに自慢できるじゃないですか。**そういう、若い頃にはなかった楽しみが、シニアのトレーニングにはあるんです。**

これからロードバイクを始める人ですか？

そんなの、何歳だろうが、年齢関係なく伸びます。いつ始めたって、遅いこと

※41
55分30秒。ちなみに、現在のコースレコードは、森本誠氏（MAX SPEED97）の55分8秒（2015年1月時点）

はありません。「ロードバイクに乗りたい、速くなりたい」と思った時が適齢期です。年のことを考えて足踏みするのは、もったいないですよ。

それから、私は年齢を乗り越えるつもりはまったくありません。乗り越えるのではなく、**年齢とうまく付き合っていきたいと思っています。**そのためには、自然に逆らわないことがいちばんじゃないでしょうか。

自然。

天候とか、気候とか、自分の生理とかですよね。年を取るのも自然です。若い頃は、雨でも風でも、無理してトレーニングをしていたものです。体調が悪くても、睡眠不足でも、がんばって乗っていましたよ。若さゆえ、自然に逆らっていたわけです。

今はそんなことはしません。無理をしても意味ないってことが分かったからです。天候が悪ければ屋内トレーニングに切り替えるし、体調が悪かったら、無理には乗りません。

無理をしないのが、ヒルクライムのトレーニングを続ける秘訣です。そして、トレーニングを続けることこそが、強くなる唯一の方法です。ということは、強くなるためにもっとも大事なのは、無理をしないことだという結論に落ち着きます。

私は、加齢に逆らうんじゃなく、年と共に歩みたいですね。人間って、そういうもんじゃないですか？　少しずつ衰えながら、いずれ死ぬまでハツラツとロードバイクに乗って、おいしいご飯を食べて酒を飲み、毎日を健康に、楽しく過ごしたい。

そのためには「自分の魂が本当に喜ぶ方針」を見つけるのがポイントだと思います。どこの会社にも、企業方針がありますよね。あれと一緒です。願望込みでよいので、方針を立ててしまいましょう。自分にうそをつかずに、本当に心の底から自分を喜ばせる方針です。自分の魂が、どういうときに喜ぶか、ワクワクするかを観察してください。それがあなたの方針であり、無理のない、自然なあなただと思います。

方針があれば何があってもぶれないし、その方針が楽しいことならば、モチベーションが落ちることもない。楽しみのために苦しまなければいけない時もありますが、どうってことありません。

私の場合は、さんざん繰り返してきたように、毎日元気においしいお酒を飲むこと。これが、村山利男の方針です。冗談じゃなく、心の底から思いますよ。毎晩のおいしいお酒さえあれば、他には何もいらないと。

すると、お酒を飲むためには気持ちよく汗をかかなければいけないし、健康でもいたい。そのために毎日ロードバイクに乗る……と、やることがどんどん決まってきます。自分の自然に逆らわない、楽しむための方針だから、ぜんぜん苦になりません。

そして、自分の方針通りに動ければ、つまりおいしいお酒が飲めれば、また明日もがんばろうという気力が湧いてくる。楽しむことが、生きる活力につながるんです。

無理をして苦しんでもしょうがないですよ。楽しむために生きているんじゃないですか。

人生、楽しくいきましょうよ。

極意

年を取ってからのほうが面白いのが、ロードバイクです。だから、無理して加齢に逆らう必要はありません。自然を受け入れつつ、人生楽しくいきましょう。

コース別

ヒルクライム攻略法

乗鞍高原

長野県松本市

国内最高峰のヒルクライムレースである、「全日本マウンテンサイクリングin乗鞍」の舞台となるコース。2,720 m地点のゴールには、絶景と栄誉が待ち受けているはずだ。

Checkpoint

- 序盤は集団内で走る
- 勾配が緩い序盤で、自分に合ったグループを見つける
- 山荘手前でのオーバーペースに注意
- 標高が高く、酸素が薄いことを念頭に置く

コースデータ

全長	20.5 km
標高差	1,260 m
勾配	平均 6.1 % ／ 最大 7.8 %

キング・オブ・ヒルクライムは誰だ!?

数あるヒルクライムイベントの頂点に立つのが、ここ乗鞍高原で行われる「全日本マウンテンサイクリングｉｎ乗鞍」です。

乗鞍を制したものは、市民レースのヒルクライムチャンピオンの名誉を手に入れることができます。コースの特徴は、序盤は勾配が緩いのですが、最後はきつくなるため、力勝負になることです。そこが、頂点を決める大会と言われる理由なんでしょうね。

序盤は勾配が緩く、速度が出ますから集団で走りましょう。ここで重要なのは、序盤に入ったグループを「速い」と感じたら、早めに離脱することです。他の人が先頭で風を切ってくれているにも

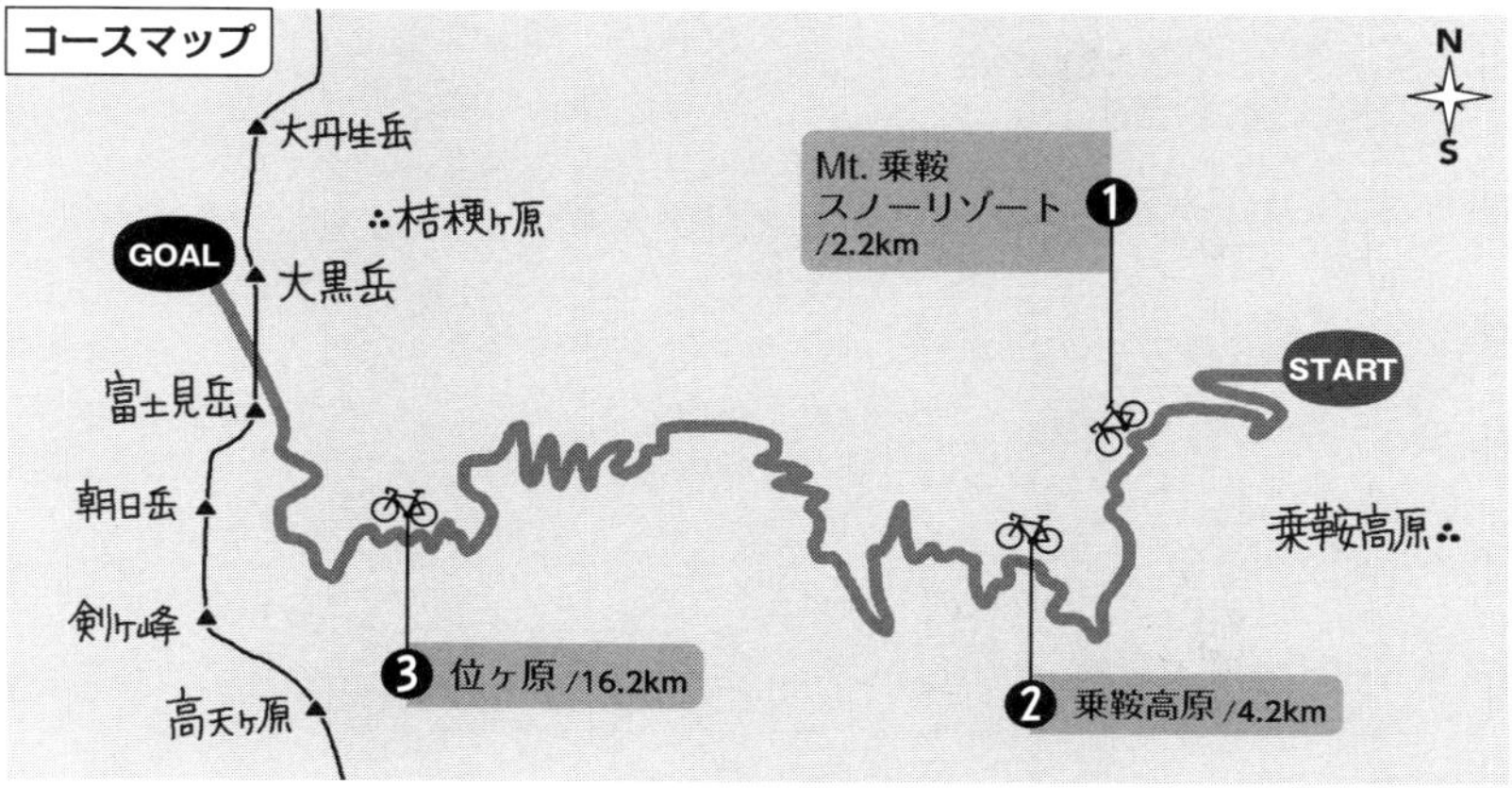

※コースマップ内に示した距離の数値はおおよそのものです。

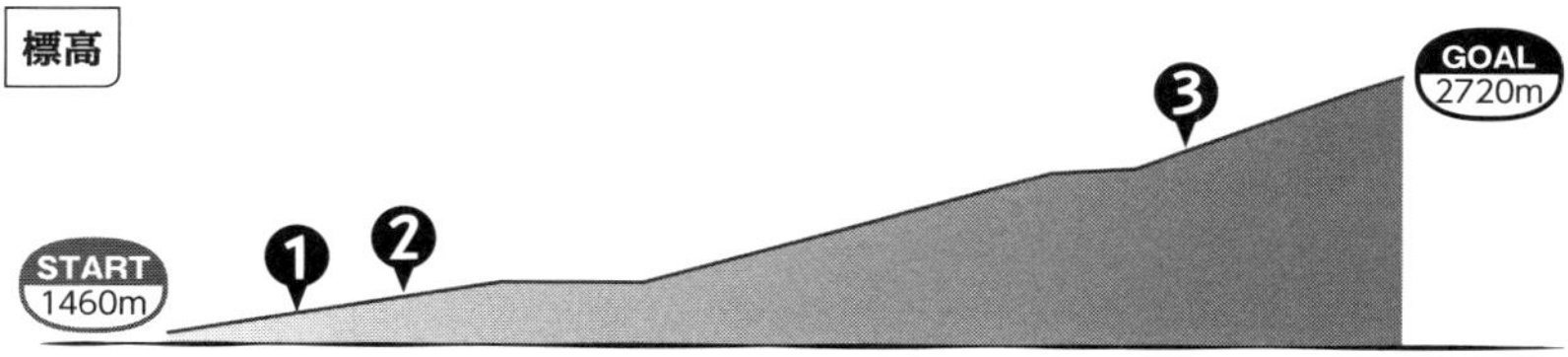

関わらず苦しいということは、風の影響がない上りでは確実にオーバーペースになってしまいます。

　第2チェックポイントである位ヶ原山荘（❸）の手前では、つづら折りの急な上りが続きます。ここでオーバーペースに入る人も多いですね。しかし、先はまだあるので無理は禁物です。その後もずっと厳しい上りが続き、後半になると、標高が高く、空気が薄いせいか、めまいのような症状が出る場合もあります。その意味でも、標高が低い上りのような無理はできません。

　つらさに耐えながらがんばっていると、やがてゴールが見えるでしょう。しかし、ゴールが見えてからも意外と長いんです。急にペースアップをすると、ここで自滅してしまいます。

　風景は最高ですが、走っている最中に眺める余裕はないでしょう。ゴール後の楽しみにとっておきましょう。

富士スバルライン

山梨県富士吉田市

日本最高峰、富士山を上るスバルライン。とても走りやすいため、スバルラインを舞台とした「Mt. 富士ヒルクライム」は大人気だ。

Checkpoint

- 最も人気があるヒルクライムイベントで、初心者にも最適
- 応募人数が多いため、参加するための競争率は高い
- コースは緩やかだが、距離は長い
- 最後の平坦区間での落車に注意する

コースデータ

全長	24 km
標高差	1,255 m
勾配	平均 5.2 % / 最大 7.8 %

デビューには最適

毎年6月に、ここ富士スバルラインで行われる「Mt.富士ヒルクライム」は、日本一の参加者数を誇るヒルクライムイベントです。

コースは広くて走りやすいし、東京からのアクセスもいい。ゴールしたらすぐに下れるのも、選手には好評です。気温も暑くなく、寒くもない。だからイベントデビューには最適なのですが、参加チケットを手に入れるための競争率の高さが問題ですね。

コースは緩やかです。私は、アウターだけで上ってしまいます。したがって当然、ドラフティングが重要になります。必ず、自分のペースに合った集団で走りましょう。緩やかとはいえ、25㎞の長丁

コースマップ

※コースマップ内に示した距離の数値はおおよそのものです。

標高

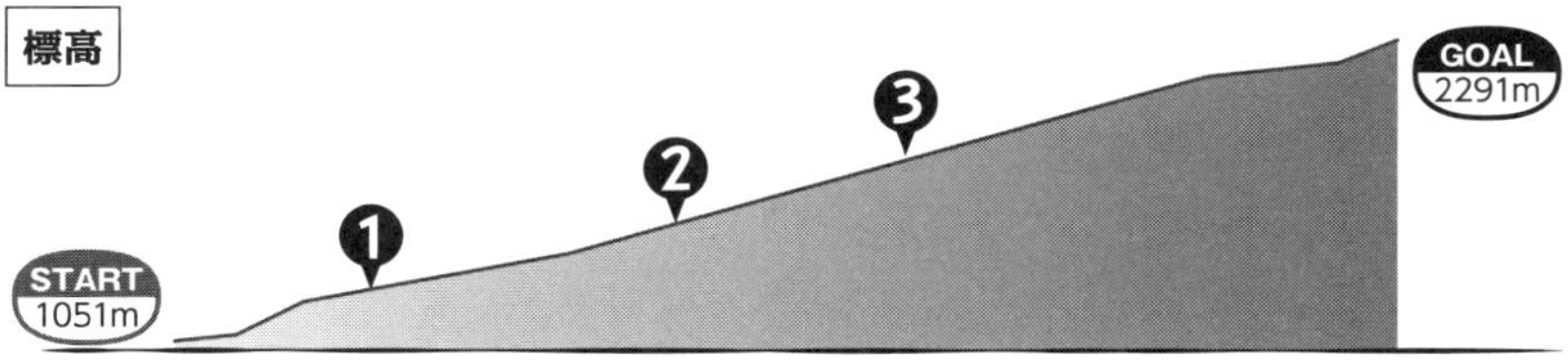

場ですから、オーバーペースに気をつけるため、しっかりと心拍計を見ながら上ってください。

淡々と、自分に合った集団内で上るのが唯一のポイントなのですが、終盤に、気をつけてもらいたい場所があります。

コースの最後はいったん平坦になり、そこから上ってゴールするのですが、この、平坦から上りに差しかかったところで、焦って他の選手と接触して落車する人が非常に多いんです。乗鞍と同じで、ゴールが見えるから焦ってしまうんですね。でも、最後は上りですから、ゴールが見えるといっても意外と走りごたえがあります。

いきなりがんばって落車しては元も子もありません。慌てない、慌てない。この平坦区間は落ち着いて走り、最後の上りのために力を温存しましょう。

栂池高原

長野県北安曇郡

毎年、Ｊプロツアーでプロ選手たちの激しい戦いが繰り広げられる栂池だが、市民レーサーのためのレースも開催されている。

Checkpoint

- Ｊプロツアーでプロも走るコース
- 全体として勾配はきつめ
- 前半が特にきつく、後半はやや緩くなる
- 前半でのオーバーペースに注意

コースデータ

全長 17.1 km

標高差 1,200 m

勾配 平均 7％／最大 10％

自分との戦いが続く

ここでは、6月に実業団レース（Ｊプロツアー）と市民レースが両方行われています。

元は市民レースだけだったんですが、そこに後から実業団が加わったんです。これは自慢ですが、初めて実業団が合流した時のレースでは、実業団選手たちよりも私のほうが速くて、鼻高々でしたね。

その後、実業団と市民レースが分かれて別に行われるようになりました。実業団レースはこのコースを2本上って競います。私は実業団のほうを走っていたんですが、1本目は野寺秀徳さんや狩野智也さんとも競えるんですけど、2本目は常にビリ。プロってすごいなあと思いま

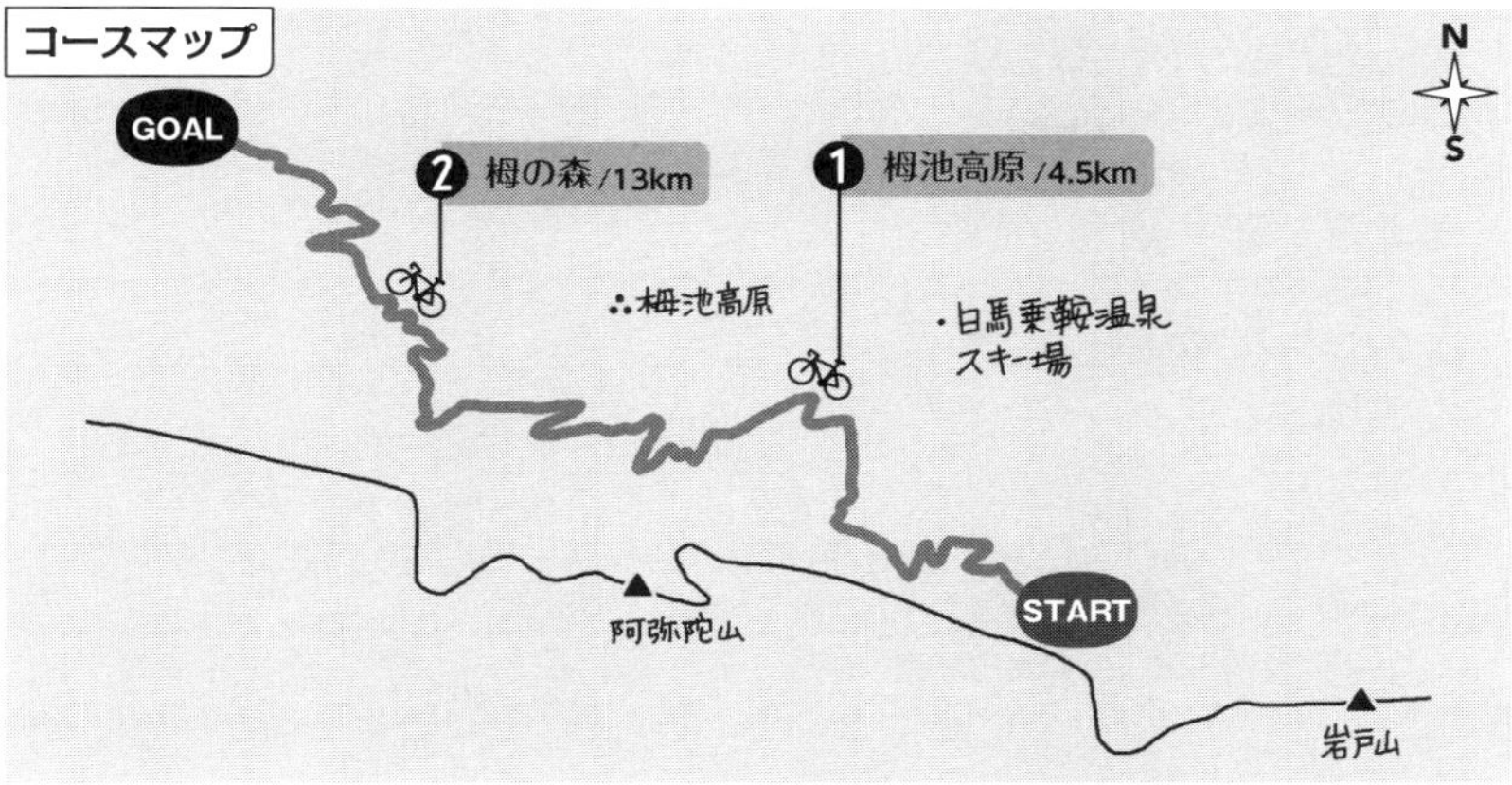

※コースマップ内に示した距離の数値はおおよそのものです。

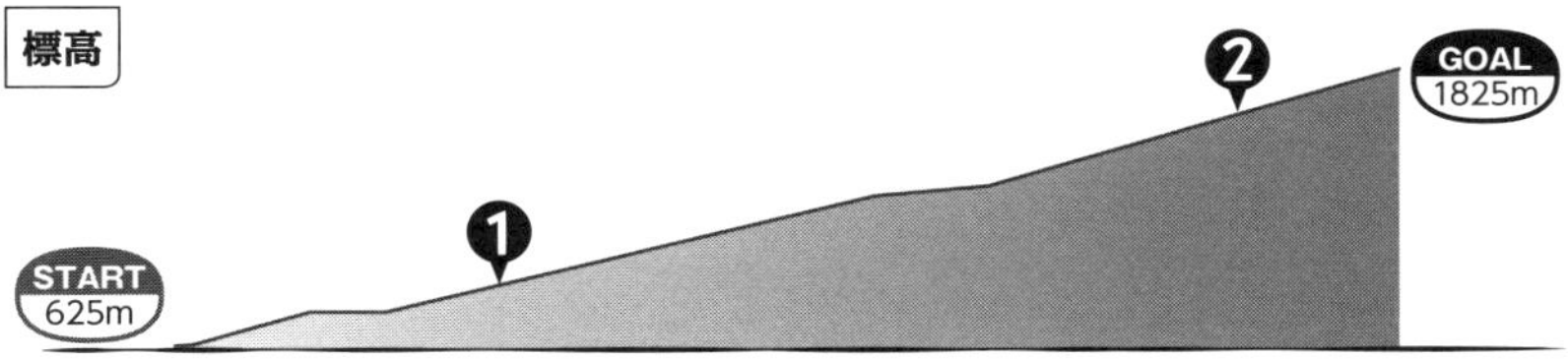

したよ。

　コースは、前半がきつく、後半にやや緩やかになる独特の構成です。とはいえ、全体としての勾配はきつめですから、ドラフティングの効果はあまりありません。人の後ろに着くのではなく、自力で上らなければいけません。

　ただ、自分と同じペースの人を見つけるのは大切です。ペース配分を守る意味でも、序盤のきつい場所で「戦友」を決めて、途中のなだらかなところまでは一緒に行きましょう。

　勾配が急な前半で力を出し切ってしまい、その後ペースを落としてしまうことがないよう、特に前半のペース配分に注意してください。

　あとは、ひたすら自分との戦いが続きます。苦しいですが、走りごたえのあるコースです。

美ヶ原高原

長野県松本市

眺望の良さで知られる長野県の美ヶ原だが、ヒルクライマーたちにとっても人気が高い。

Checkpoint

- 勾配の厳しさが特徴
- 軽いギアを用意して臨む
- 急勾配区間では、落車の原因になるため蛇行しない
- ゴール前のコーナーでは落車に注意

コースデータ

全長	21.6 km
標高差	1,270 m
勾配	平均 5.9 %／最大 17 %

急勾配対策は必須

勾配のきつさが特徴です。最大勾配は実に17％。なかなかお目にかかれない激坂です。しっかりと対策を練らなければいけません。

特に、スタートしてすぐに、とてもきつい上りがあります。ここを、いかに体力をセーブしてクリアするかがキモですね。絶対に無理をしてはいけません。もっとも、無理をしないと上れない勾配ではあるのですが……。

したがって、軽いギアを用意してください。私は、最近は34T－23Tで上りますが、スプロケットはもっと軽いものを用意してもいいでしょう。

毎年6月に、ヒルクライムレース「ツールド美ヶ原」が開催されています

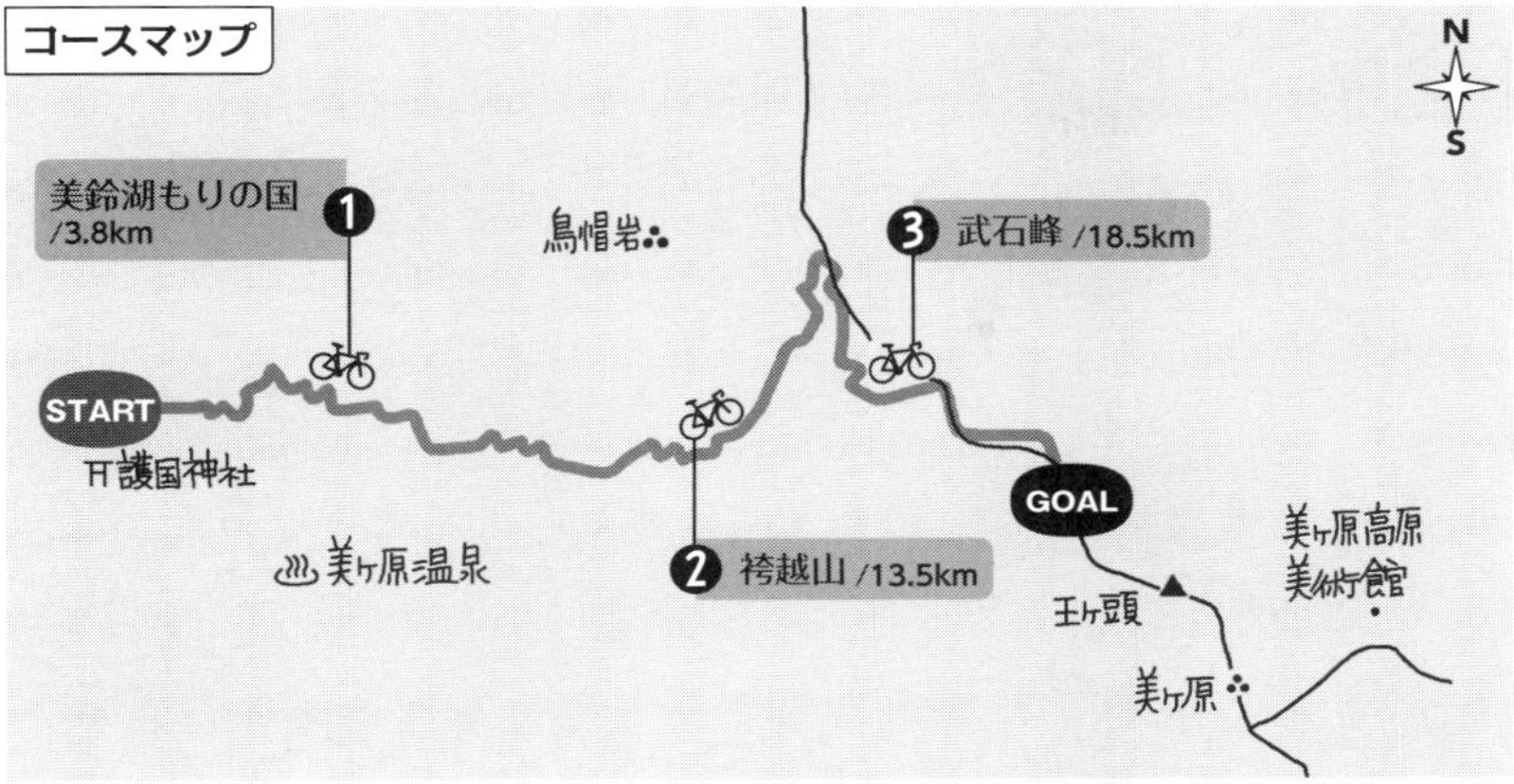

※コースマップ内に示した距離の数値はおおよそのものです。

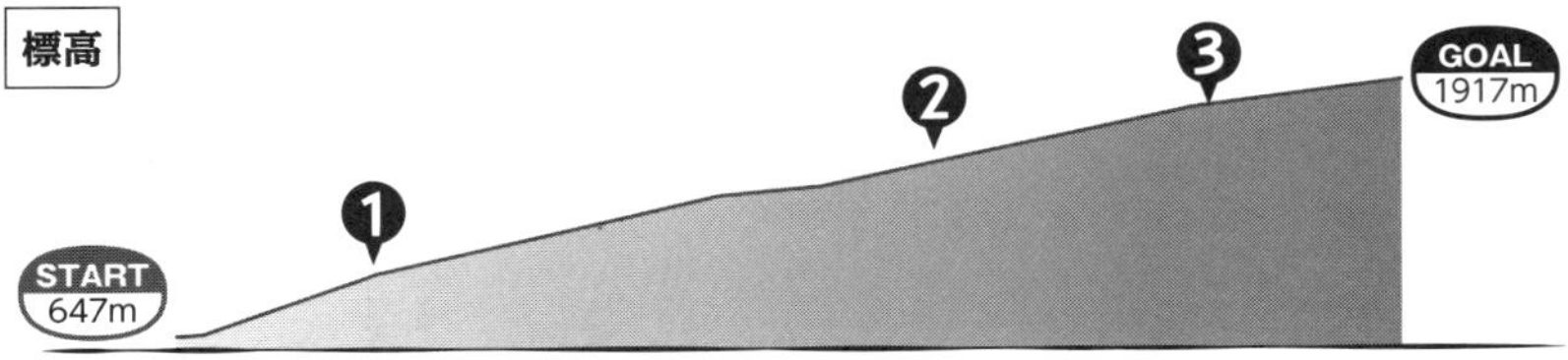

が、レースを走る場合に、この急勾配区間で絶対にやってはいけないのが、蛇行です。蛇行は他の選手の迷惑になりますし、落車の原因にもなります。蛇行しなくて済むギアでレースに臨んでください。

この区間をクリアすると、おおむね同じ、6~7%の上りがずっと続きます。が、ゴールが近づくと、ちょっとした平坦や下りが現れます。速度が出るコーナーもありますから、落車には要注意です。タイムを稼げるほどの下りではありませんから、無理はせず、ゴール前の最後の上りに備えて体力を回復させましょう。

ツールド美ヶ原ではゴール後にトマトの食べ放題が待っています。これはとってもおいしいですよ。景色もすばらしいですし、コースは難易度も高いですが、実力を発揮できるようになっているので、おすすめの大会です。

鳥海山

秋田県由利本荘市

夏のヒルクライム大会として有名なのが、山形県と秋田県に跨がる鳥海山で７月に行われる「Mt. 鳥海バイシクルクラシック」だ。

Checkpoint

- 気温が高いため、ドリンクなどの暑さ対策は必須
- アップダウンがあるため、レベルが合った集団内で走る
- Mt. 鳥海バイシクルクラシックはタイムトライアルもセットになったイベント

コースデータ

全長	26 km
標高差	1,085 m
勾配	平均 6.1% ／ 最大 11%

暑さを乗り越える

「Mt.鳥海バイシクルクラシック」はとにかく暑いのが特徴ですね。晴れていると、気温は30℃を軽く超えてしまいます。ボトルは必ず用意しましょう。通常、レースにはボトルを持って行かない私ですが、このレースだけはボトルを用意します。

　コースは、序盤には平坦もあり、中間地点までは上って、下っての繰り返しです。そのため、レベルの合った集団に入る必要があります。ドラフティングの効果以外に、周囲とペースを合わせることで、オーバーペースを防げるのも利点もです。

　中間地点を過ぎてもまだ一緒に走っている選手は、ほぼレベルが同じだという

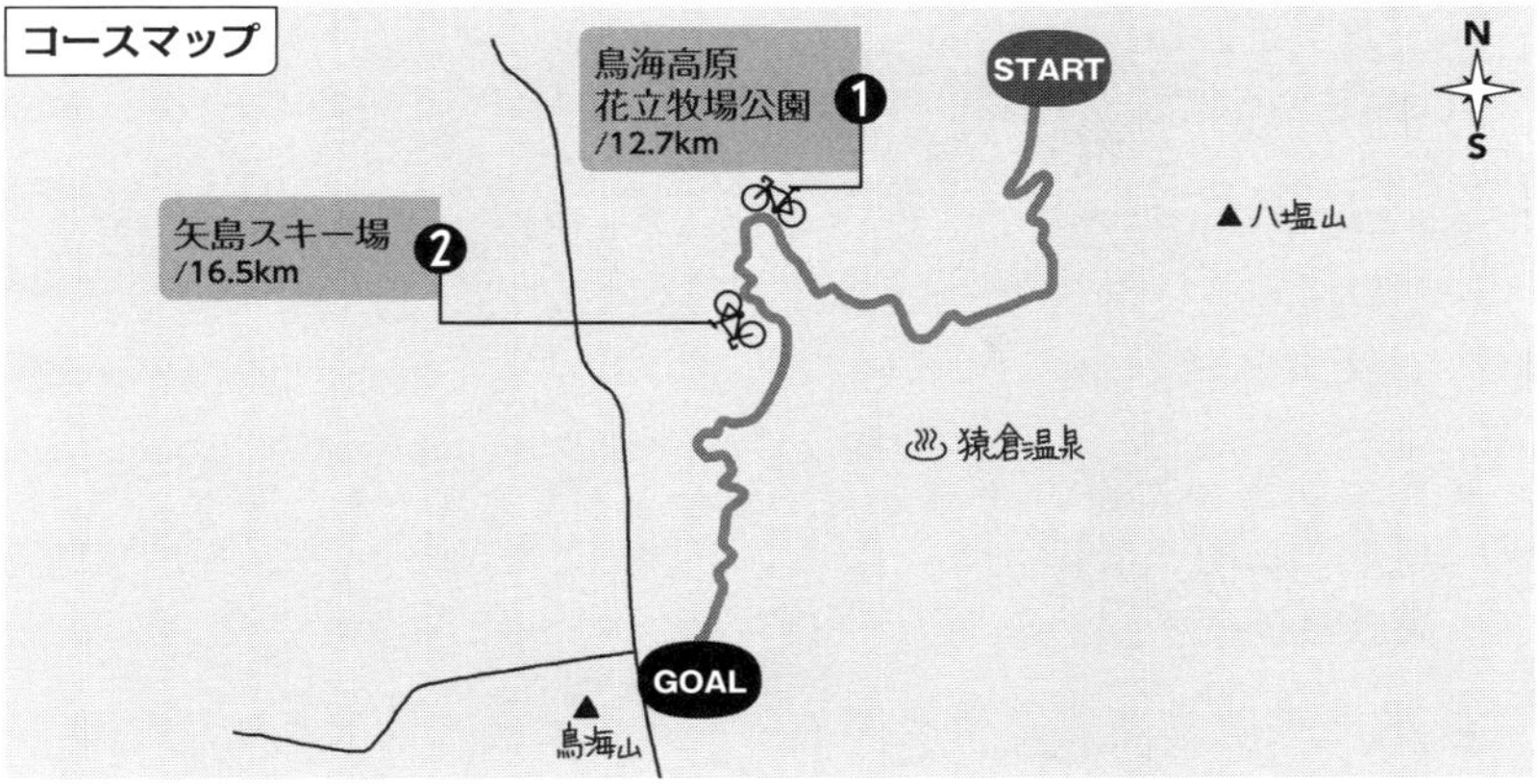

※コースマップ内に示した距離の数値はおおよそのものです。

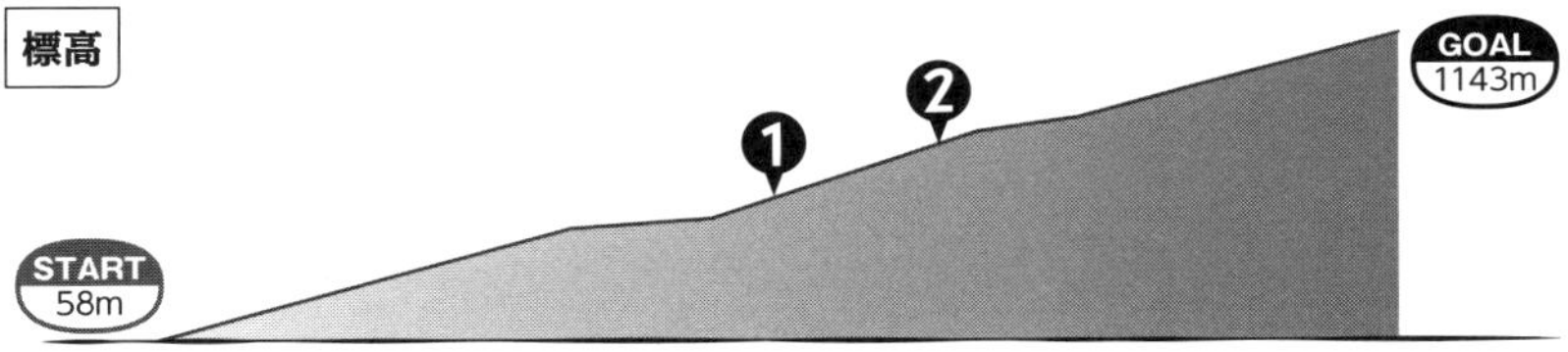

ことです。最後まで一緒に走ったほうがいいでしょう。

　このイベントは、同時期にお祭りを開催したりと、街を挙げて応援してくれるのが特徴です。ゴール地点ではスイカが食べ放題。満足して下ると、今度は豚汁におにぎりがもらえます。ありがたいですね。

　Mt.鳥海バイシクルクラシックはヒルクライムだけではなく、前日に行われる平坦でのタイムトライアルもセットになったイベントです（どちらか片方だけの出場も可能）。ヒルクライムではありませんが、タイムトライアルも楽しいですよ。サドルをスタッフに支えてもらいながらスタートする、本格的なタイムトライアルです。私も古いDHバーを付けて走りました。

八ヶ岳

長野県南佐久郡

春に行われるヒルクライムレースとして有名な「ツール・ド・八ヶ岳」。25kmという距離の長さを誇るのも特色だ。

Checkpoint

- 4月に行われるため、気温が低い中でのレースとなる
- 距離が長いため、補給食が必要になる可能性もある
- ハーフコースのゴール地点を過ぎると寒くなる
- グローブとシューズカバーが必要

コースデータ

全長	25 km
標高差	1,297 m
勾配	平均 5.4% / 最大 13 %

寒さを攻略する

4月という早い時期。しかも山ですから、非常に寒いんです。長袖ジャージはもちろん、ウインドブレーカーを着込む人も少なくありません。寒さ対策を十分にしてから臨んでください。長丁場でもありますから、寒さをごまかすことはできません。

はじめの斜度は緩く、途中には平坦もあります。うまくペースの合う集団に入り、風を避けつつ進みます。

きつくなるのは、「ハーフコース」のゴールである15km地点を過ぎてからです。ここまでは余力を残して走ってください。

ハーフからは、傾斜がきつくなるのもありますが、標高が高くなりますから急

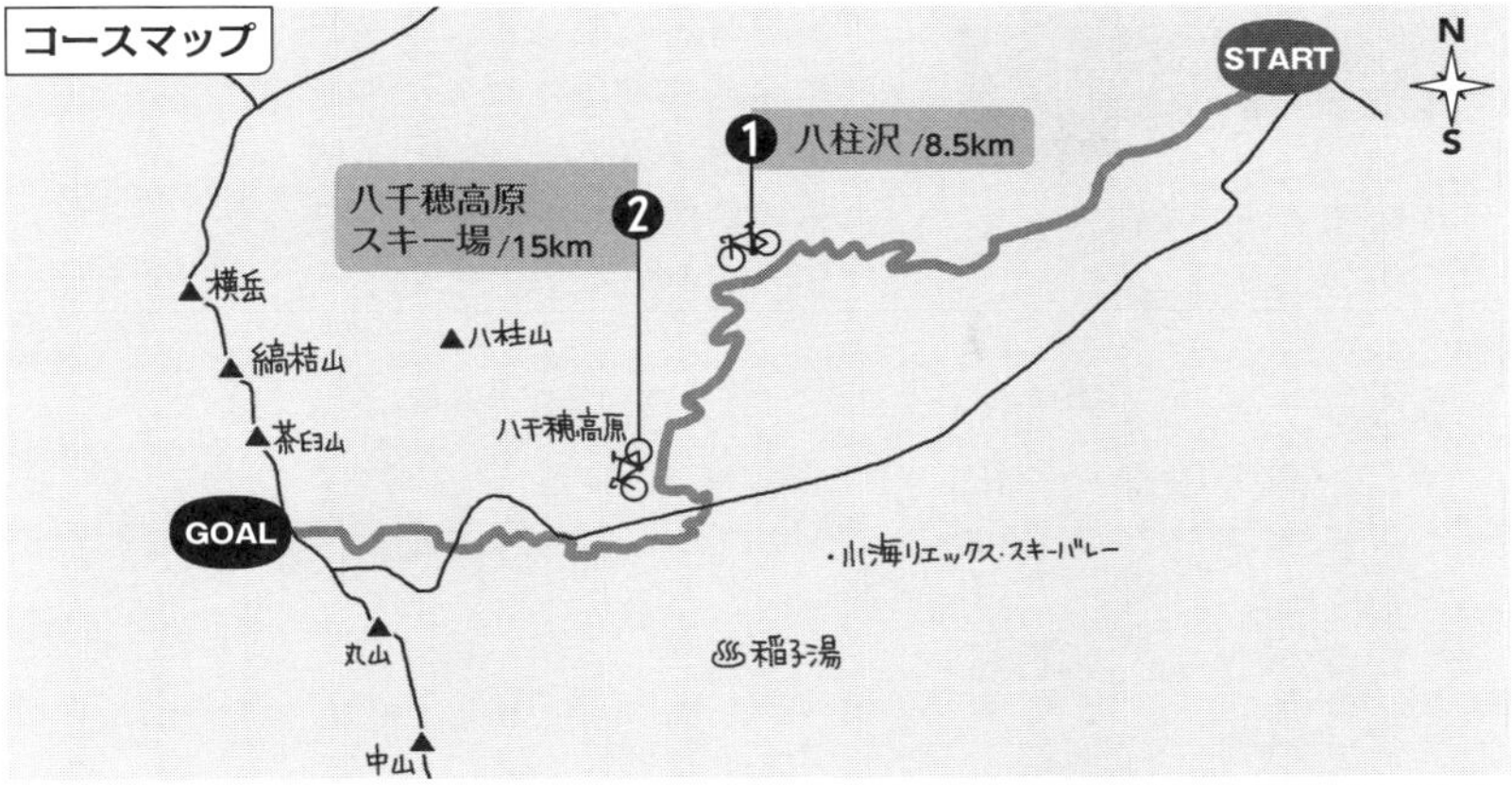

※コースマップ内に示した距離の数値はおおよそのものです。

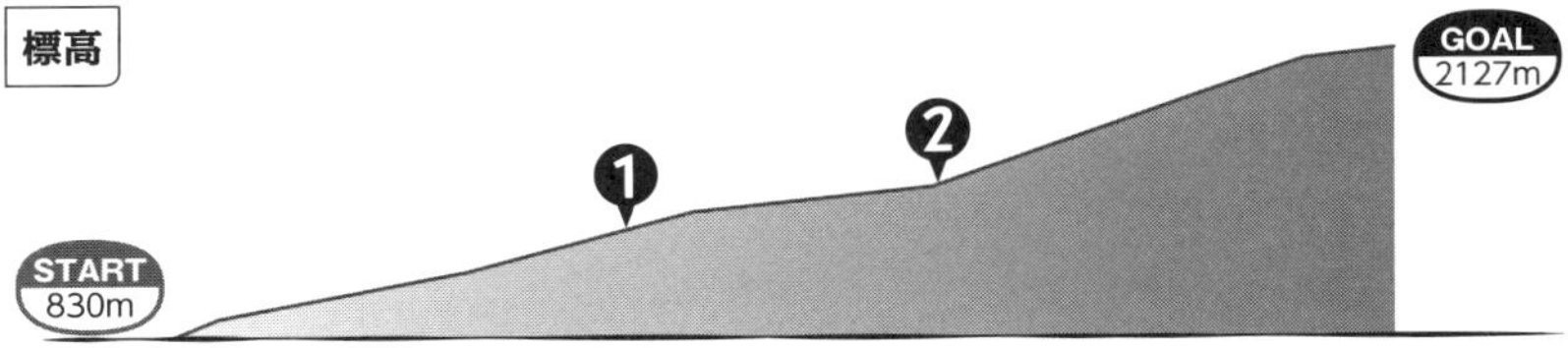

に寒くなります。体はエンジンがかかっていますから、さほど寒さは感じませんが、手足など末端がつらい。グローブ、シューズカバーがないと後悔すると思います。

気温が低いため、汗はあまりかきません。ドリンクはあまりいらないでしょう。それよりも、距離が長いので、補給食を用意しましょう。必要かどうかは個人差があるとは思いますが、ハンガーノックになってからでは手遅れですから、ポケットに何か1つ入れてレースに臨みましょう。

シーズン初めの力試しという感じのレースです。いい結果が出ればもちろんうれしいですし、ダメでも「これからがんばろう」という気持ちになれます。

ちょっと寒いですが、早いうちからレースに出たほうが、いいシーズンを過ごせると思いますよ。

枝折峠

新潟県魚沼市

新潟県魚沼市にある枝折峠。例年８月に開催される「枝折峠ヒルクライム in うおぬま」には、直後に控えた乗鞍ヒルクラムを狙う選手たちが集まる。

Checkpoint

- 乗鞍の前哨戦としての性格がある
- タイムを1.5倍すると、乗鞍のタイムに近くなる
- 勾配がきつくなる後半に注意
- 標高が低いため、暑さ対策も必要

コースデータ

全長	14 km
標高差	750 m
勾配	平均 7% ／ 最大 12 %

乗鞍に向けて

乗鞍ヒルクライムの2～3週間前に開催される「枝折峠ヒルクライム-inうおぬま」は、乗鞍の前哨戦です。このコースのタイムを1・5倍すると、だいたい乗鞍のタイムになるんですね。だから、調子を確かめるにはぴったりです。

レースを走ることで、コンディションが上がるということもあるでしょう。強い選手が集まるんですよ。このレースの結果を見て、乗鞍までのトレーニング内容を決めるんです。その意味で、おすすめのレースです。乗鞍でいい成績を出そうという人は、出たほうがいいでしょう。

乗鞍と同じように、前半はおおむね緩やかです。集団で進みましょう。しか

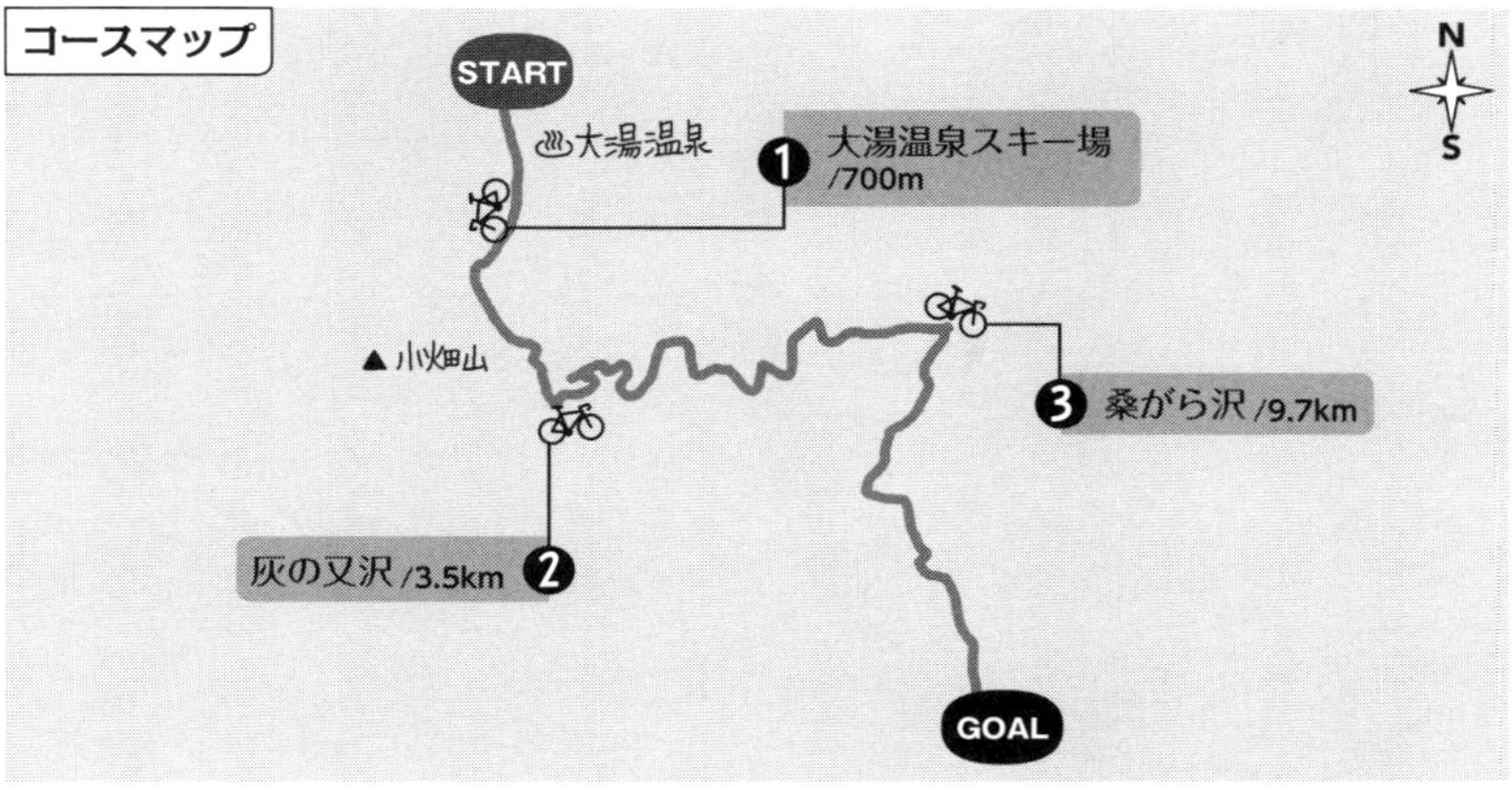

※コースマップ内に示した距離の数値はおおよそのものです。

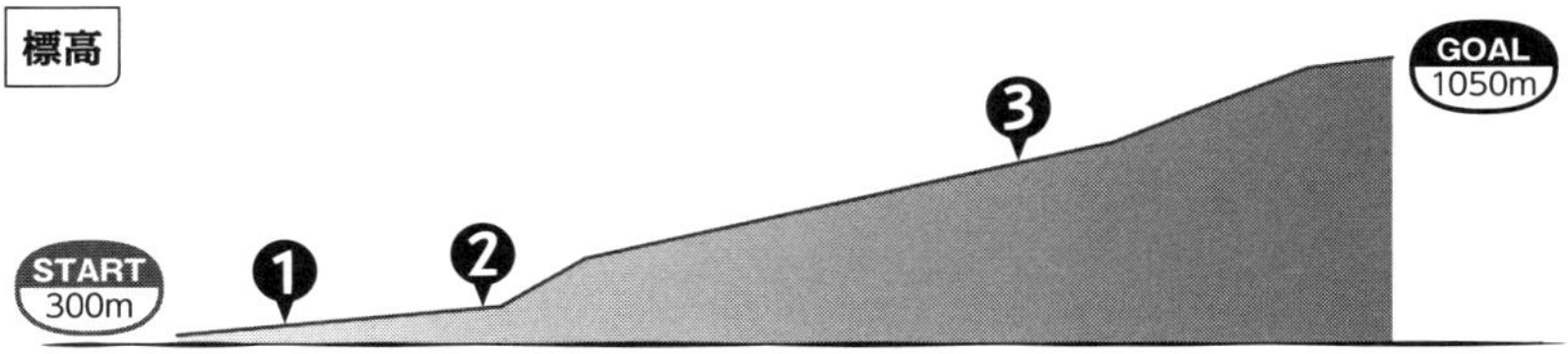

し、ゴール手前3㎞から、かなり勾配がきつくなります。ここは、焦らず、無理をせず走ってください。それから、乗鞍ほど標高がないから、暑くなる点にも注意です。ボトルは持って行ったほうがいいでしょう。

このレースをおすすめする理由はもう1つあります。ゴール地点で、魚沼名物の「八色スイカ」が食べ放題なんです。これは本当においしいのですが、値段も高く、なかなか買えない。それが食べ放題なんですから、参加しない手はないでしょう。さらに、下った後は魚沼産コシヒカリのおにぎりが食べられるんです。なんと贅沢なイベントなんでしょうか。

乗鞍でいいタイムを出したい人ならば出たほうがいいレースですし、スイカもおにぎりも食べられる。地元民としても強くおすすめします。ぜひ来てください。

おわりに

ヒルクライムに乾杯を！

私は今、56歳です。このくらいの年になると、人の人生もいろいろです。仕事や家庭に問題を抱えてふさぎ込んでいる人もいるし、病気で苦しんでいる人もいる。体力も落ちるようで、「階段で息切れしてしまう」という人も少なくありません。

しかし幸い、私は元気です。家庭は円満だし、仕事も順調。新しい人や物事に出会うのも好きですから、仕事以外でもボランティアなど、さまざまなところに顔を出しています（慰労会でお酒も飲めますし）。日常生活で体の衰えを感じることもありません。階段なんて1段飛ばしですし、夜には相変わらず山盛りの牛肉と野菜、海藻でお酒を飲み、お米を2合食べたら朝までぐっすり。不眠に悩まされたこともありません。

これもみんな、ヒルクライムのおかげだと思うんですよ。スポーツをすれば健康になるし、体力もつきます。気

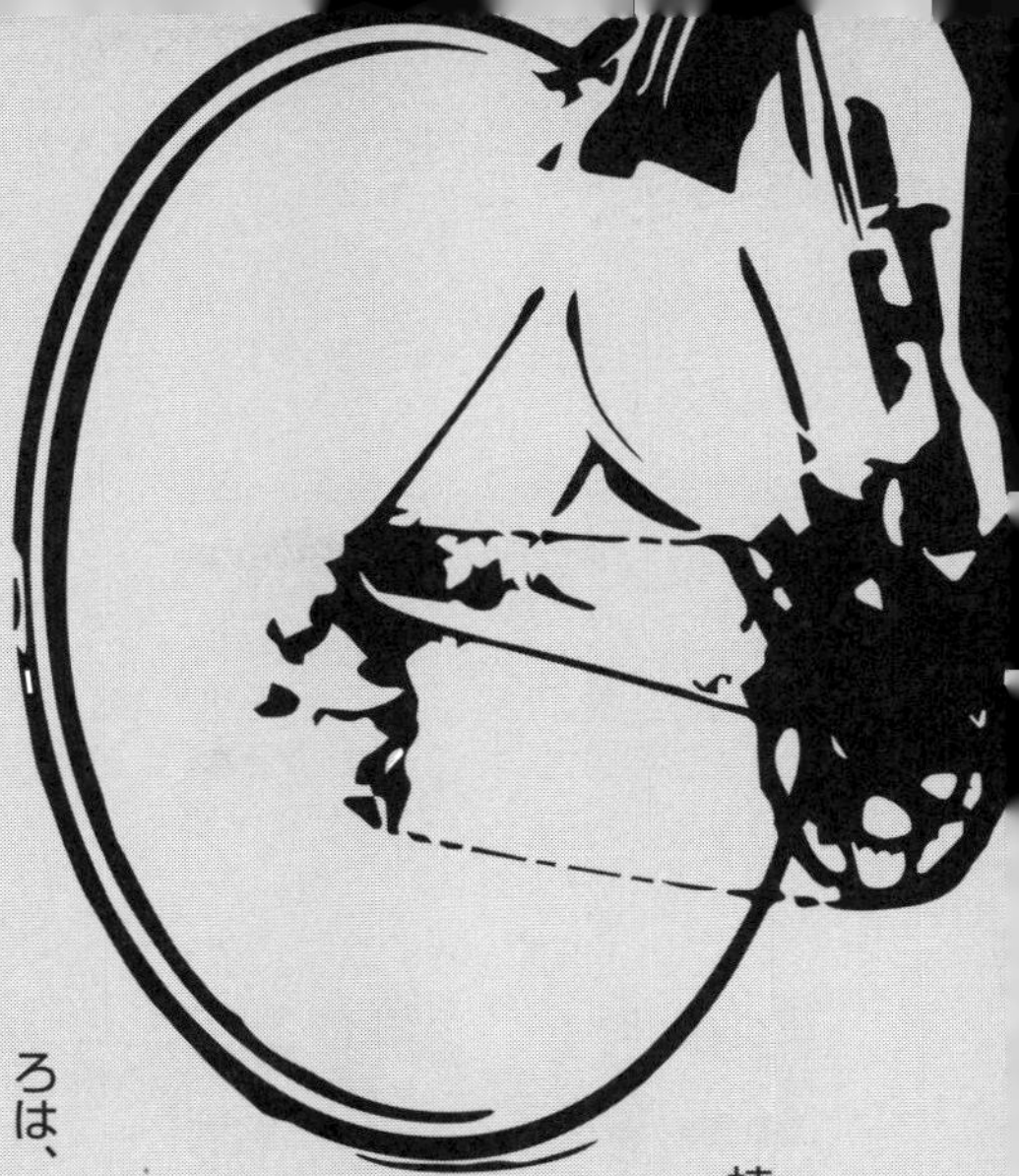

持ちのうえでも明るく、積極的になれますし、ご飯やお酒もおいしい。

この年になると改めて思いますが、運動は大切です。人間って、どんなに悩んでいても、汗をかいておいしいご飯を食べ、一晩ぐっすり寝れば元気になる生き物だと思います。それができないとき、人は病んでいくのではないでしょうか。

年をとったことで、人生観がシンプルになりました。若いころは、いい車が欲しいとか、レースで勝ちたいとか、いろいろな欲望がありましたが、今の私は違います。平和な家庭と健康な体、そしておいしいお酒さえあればそれでいい、と思えるようになったんです。

さらに最近は、ますますロードバイクに乗ることが楽しくなってきてしまいました。ゆっくりと衰えていく自分の体を観察するのが、とても面白いんです。

ということは、この先60歳、70歳と歳を重ねれば、さらにヒルクライムが楽しくなり、人生が面白くなるということです。

安心・安全に楽しめて、人生を豊かにしてくれるのがヒルクライムです。

さあ、一緒に楽しみましょう。

村山利男

STAFF

企画・編集・構成　佐藤　喬
デザイン・DTP　HOP BOX
撮　　　影　阪本 竜也（STUDIO NOUTIS）
写　真　提　供　高木 秀彰（株）アールビーズ
（株）箕浦

ヒルクライム
トレーニングの極意《ごくい》

2015年3月5日　第1版第1刷発行
2015年9月16日　第1版第2刷発行

著　　者　村山《むらやま》 利男《としお》
印　　刷　株式会社シナノ
発 行 人　小川　淳
発 行 所　SBクリエイティブ株式会社
〒106-0032 東京都港区六本木2-4-5
電話　03-5549-1201（営業部）

■乱丁本、落丁本は小社営業部でお取り替えいたします。
■定価はカバーに記載されております。

ISBN978-4-7973-8077-4

■本書の正誤情報について
本書に関する正誤情報の問い合わせ方法については、以下のWebページを参照してください。なお、本書の記載内容とは関係ない質問、本書の記載内容以上の詳細な質問、お客様固有の環境に起因する問題などについては、回答できないことがあります。なにとぞご了承ください。
http://isbn.sbcr.jp/80774/